真宗新書

仏さまの願い

―四十八のメッセージ

畑文正
Obata Bunsbo

はじめに

浄土真宗の正依《しょうえ》の経典である浄土三部経のひとつ『仏説無量寿経《ぶっせつむりょうじゅきょう》』には、法蔵《ほうぞう》菩薩《ぼさつ》の四十八の誓願《せいがん》が説かれています。念仏するすべての衆生《しゅじょう》を極楽浄土へ平等に救いとることを願って誓われたこの「仏さまの願い」を、親鸞聖人《しんらんしょうにん》は「正信偈《しょうしんげ》」で「無上殊勝《むじょうしゅしょう》の願《がん》」「希有《けう》の大弘誓《だいぐぜい》」と讃《たた》えられ、私たち真宗門徒《もんと》は、この誓願を「本願《ほんがん》」と呼んで、生きることの意味を尋ねる依《よ》りどころとしています。

本書はこの仏さまの願いに立ち返って、あらためて生きることの意味を尋ねることの大切さを問題提起するものです。私たちが本願に学ぶとは、共に生きる命を見失って、全てを自分の都合に合わせて生きる「私ファースト」が、世界的に蔓延《まんえん》する中においては「時代おくれ」かもしれません。しかし、そういう思想的な営みに、閉塞した時代社会を切り開いていく大事な鍵があると信じています。いま私たちは仏さまから何を願われているのか。そもそも仏さまの願いとは何なのかについて考えていきたいと思います。

親鸞聖人が法然上人《ほうねんしょうにん》と出遇《であ》い、ご自分の人生を「雑行《ぞうぎょう》を棄《す》てて本願《ほんがん》に帰《き》す」と決定し、立ち上がった、その本願とは何なのか。現代に生きる私たちに、本願がどう関わり、どのような意味をもつのか。仏さまの願い（本願）に学ぶということは、仏さまの願いに「私と私の世界」の課題を聞き続け、応《こた》え続けた親鸞聖人の歩んだ道に思いを馳《は》せ、自分自身が生きることの意味を尋ねることです。言い換えれば、鎌倉時代を生きた親鸞聖人の課題に、21世紀を生きる私たちの課題を見出し明らかにすることです。

アジア太平洋戦争終結から70数年が経ちました。この間、日本は戦争をしない国として世界から認知され、後方支援という関わりはあるものの、直接的には戦争で殺し殺されることはありませんでした。この事実は日本国憲法「前文」に「日本国民は、恒久の平和を念願し、人間相互の関係を支配する崇高な理想を深く自覚するのであって、平和を愛する諸国民の公正と信義に信頼して、われらの安全と生存を保持しようと決意した」と宣言し、その具現化を「戦争放棄」と「国の交戦権を認めない」とした「第9条」を設けた日本国憲法の力によるものです。「第9条」は、アジア太平洋戦争で命奪われた二千数百万の戦争犠牲者の血と涙の結晶です。この「第9条」に立ち続けることが、非戦平和を願う具体的な行動です。それは戦火が止むことのない世界が求める願いです。まさに「第9条」は仏さまの願いの時代的表現と言っても過言ではないでしょう。

しかし、現実の日本はこの願いから大きく逸脱して「戦争のできる」国づくりに躍起になっています。2011年3月11日の大震災、その後の原発事故は、現在も大きな犠牲を強い続けています。原発の再稼働もされました。あらためて、いま私たちは何を願いとして生きるのか。どういう国を生きようとするのか。一人ひとりの生き方が大きく問われています。

実は、そうした私たちの在り様を問い、非戦平和を求め、自由で平等で平和な世界を願いとすることが、浄土の根本精神です。四十八願《しじゅうはちがん》をおこした法蔵菩薩（阿弥陀仏の前身）に現前していた「生死《しょうじ》・勤苦《ごんく》」（迷いと苦しみ）とはその根本を言えば人間の我執となりますが、その実態は衆生《しゅじょう》の「地獄《じごく》・餓鬼《がき》・畜生《ちくしょう》」の現実です。それは「殺戮《さつりく》と欠乏と抑圧」の世界です。この世界からの解放が直接的には仏さまの願いです。いま、現代を生きる私たちに何が問われているのか。皆さんと共に尋ねていきたいと思います。

なお、第十一願以降は、仕事の関係でブラジルにおいて書き記した文章です。そのため、たびたびブラジル等の名前が出てきますので、何卒ご承知おきください。

仏さまの願い　—四十八のメッセージ

もくじ

凡例

一、原文は、『真宗聖典』（東本願寺出版発行）に依ります。なお、ルビは読みやすさを考慮して適宜追加しました。
一、現代語訳は、今回の書籍化にあたり、著者が新たに訳したものです。
一、願名については、著者の意向により代表的なもののみを掲載しています。

仏さまの願い　―四十八のメッセージ

◆序

命を蔑ろにする世界か、命を尊ぶ世界か。

「仏さまの願い」、それは全ての生きものが差別なく平等に尊重される国土をつくることです。それが浄土です。親鸞聖人は「願土」とも言います。なぜ仏がそういう国土を願われたのか。それは衆生の現実が、自分を傷つけ他者を傷つけて、ある時にはお金に自分を譲り渡し、ある時には権力に媚《こ》びへつらい、ある時には多数に同調し、自分の命も他者の命も蔑《ないがし》ろにしているからです。この現実に対して、いかなる命をも尊重する世界を「仏さまの願い」として明らかにするのです。

だから「仏さまの願い」から、私たちは問われています。

いかなる国土に生きるのか。その問いは与えられた命をいかなるものとして生きるのか。そういう極めて主体的な問いと直結します。それがどういう問題なのか、私個人の体験をとおして述べてみます。

私が小学生の時、父は警察官でした。駐在所勤務の頃、玄関に砂袋がありました。母にその理由を尋ねると、戦争で飛行機が落ちて来たらこれで火を消すのだと話してくれました。朝鮮戦争が休戦となった頃の出来事です。その時、母から空襲で焼けだされたこと、焼夷弾《しょういだん》が落ちる中を逃げたこと、焼けただれた死体を見たことなど、母の戦争体験を聞きました。幼い私は怖かったのでしょう。「戦争は嫌だ」と叫びました。私が非戦平和の思いを感じたのはこの時でした。

1947年生まれの私は、日本国憲法と共に生きてきました。国民主権・平和主義・基本的人権の尊重が日本国憲法の根本理念です。この三つの根本原則に基づく日本国憲法により生まれたのが戦後の日本です。国の「かたち」は憲法が決めます。この平和憲法の下で生まれたことで、私は、戦争で人を殺すことも、人に殺されることもなく、いままで生きてきました。しかし、いまの現実は、この国の「かたち」を決める憲法が蔑ろにされて、戦争が現実味をおびる昨今です。

日本国憲法が日本の根本理念であるように、阿弥陀仏の国土である浄土の根本理念は48種の本願です。この本願の「かたち」が浄土です。形というと実体化されますから、表現としては「浄土の荘厳」と言います。全ての命を救いたいと願う仏の心を表象する国土です。この浄土を願ったのが、阿弥陀仏の前身（因位《いんに》）である法蔵菩薩です。『仏説無量寿経』によれば、48種の本願を発起した法蔵菩薩は「時に国王あり」と説かれるように、ある国の絶対的権力者でした。その国王が世自在王仏の説法を聞いて、「真実に生きよう」とする心を起こしたのです。「世に在っても世に毒されない自分を生きる」真実の人、世自在王仏《せじざいおうぶつ》との出遇いによって、国王は、戦争と差別と抑圧を生み出す「国を棄《す》て、王を捐《す》て」て、真実を求める者として自らを法蔵と名のるのです。そして国土建立の本願をおこします。人間を卑《いや》しめる国を棄てて、人間を尊ぶ国を願ったのです。それが浄土です。しかし、その世界は私たちの不正と矛盾と歪みの渦巻く現実生活と無関係ではありません。本願文をいただきながら、この問題について考えていきたいと思います。

第一願　無三悪趣《むさんまくしゅ》の願

第一願

設《せっ》我《が》得佛《とくぶつ》、
國有《こくう》地獄《じごく》餓鬼《がき》畜生《ちくしょう》者《しゃ》、
不取《ふしゅ》正覺《しょうがく》。

たとい我《われ》、仏を得んに、
国に地獄《じごく》・餓鬼《がき》・畜生《ちくしょう》あらば、
正覚を取らじ。

現代語訳

もし、わたしが仏になれるとしても、わたしの国に地獄や餓鬼や畜生があったならわたしは誓ってさとりを開きません。

「無三悪趣」とは
平和・平等・自由への願い

第一願は「無三悪趣《むさんまくしゅ》の願」と呼ばれています。文字どおり、地獄・餓鬼・畜生の三つに代表される悪趣（悪しき世界）に生きる衆生の救いがテーマになっています。

阿弥陀の本願が説かれている『仏説無量寿経』は、インドの言葉から中国の言葉に翻訳された経典です。訳者により翻訳の仕方が変わりますが、現存しているのは五訳あります。そのいずれの翻訳においても第一願は「無三悪趣の願」です。このことは阿弥陀の本願が衆生の三悪趣（地獄・餓鬼・畜生）の現実から始まっていることを意味しています。三悪趣は仏から見た衆生の現実です。それではどういう現実を生きるものとして衆生を見たのでしょうか。

その第一が地獄を生きるものです。地獄は「苦具《くぐ》」とも訳されているように極苦の世界です。自分の我執《がしゅう》でつくる苦しみであり、他者の我執により、人間であることを奪われる苦しみです。第二が餓鬼です。餓鬼は「常に飢渇に苦しむ」ものです。何もないから苦しむだけではなく、物があっても苦しみます。つまり餓鬼とは、物がないことに憤《いきどお》り、物があることを誇り、物に心奪われて他者との関わりを見失うことです。第三は畜生です。畜生は「傍生《ぼうしょう》」とも訳され、自立できない存在を指します。力あるものに媚《こ》びへつらう姿です。他人同調主義的生き方を指します。それとともに力あるものに一方的に束縛されて、自由を奪われているることでもあります。

これらが地獄・餓鬼・畜生という名で表されている三悪趣です。そうであれば、それはどこかのだれかの世界ではないのです。仏さまの眼（智慧《ちえ》）から見た「私と私の世界」の現実です。このように人間でありながら人間を見失っている衆生の現実から本願は始まります。だから、本願文に学ぶ私たちも私たちの現実から学びたいと思います。

私は三悪趣を意訳的に「戦争・差別・抑圧」の現実とし、無三悪趣を「平和・平等・自由」への願いと受けとめています。児玉暁洋《こだまぎょうよう》先生（元真宗大谷派教学研究所長）は、この第一願「無三悪趣の願」を日本国憲法の「前文」に説かれている「われらは、全世界の国民が、ひとしく恐怖と欠乏から免かれ、平和のうちに生存する権利を有することを確認する」に引き当てて、日本国憲法は本願と響き合っていると指摘し、「無三悪趣の国」を「戦争と欠乏と恐怖の無い国」として受けとめています。このように、私たちの現実を地獄・餓鬼・畜生と見る仏の眼をいただいて、人間を見失った私が人間（性）を取り戻していく課題が「無三悪趣の願」として願われていることを思います。

この「無三悪趣の願」が現実認識から始まるという意味では、50年も前にラテンアメリカで起きた「解放の神学」による聖書を読解する方法論を思い出します。ラテンアメリカは大航海時代に西欧の帝国主義諸国によって植民地支配を受けました。結果的にはその先鞭《せんべん》をつけたのはカトリック教会です。その民衆を支配する側にいたカトリックの中から、聖書が説く「貧しき人々」とは、まさに植民地支配の中で貧困と差別に喘《あえ》ぐ民衆であるとの現実認識により解放の宗教が生まれました。

それは法然上人、親鸞聖人の仏教が、国家仏教の殻を破って、世の人々から「悪人」と蔑まされている人々の救済を課題にしたことと共鳴しています。つまり仏教の原点は苦悩する衆生の救済が課題なのです。その問題を明確に私たちに提起しているのが第一願「無三悪趣の願」なのです。

第二願　不《ふ》更《きょう》悪《あく》趣《しゅ》の願

第二願

設《せつ》我《が》得《とく》佛《ぶつ》、
國《こく》中《ちゅ》人《にん》天《でん》、
壽《じゅ》終《じゅ》之《し》後《ご》、
復《ぶ》更《きょう》三《さん》惡《まく》道《どう》者《しゃ》、
不《ふ》取《しゅ》正《しょう》覺《がく》。

たとい我《われ》、仏を得んに、
国の中の人天、
寿《いのち》終わりての後《のち》、
また三悪道に更《かえ》らば、
正覚を取らじ。

現代語訳

もし、わたしが仏になれるとしても、わたしの国に生まれた人たちが命を終えた後、ふたたび地獄や餓鬼や畜生の世界にもどることがあるようなら、わたしは誓ってさとりを開きません。

我も人も
共に救われる世界を求めて

第二次世界大戦終結40年の節目の年に西ドイツ連邦議会（1985年5月8日）で、ヴァイツゼッカー大統領（当時）は「荒れ野の40年」と題した演説をしました。そこで彼はドイツの敗戦を心に刻み戦争犠牲者に思いを馳《は》せ、過去の出来事に眼を閉ざさないで、いわば負の歴史を自分の問題として受けとめることを提起しています。まさに彼が言うように過去に眼を閉ざすものは現在の問題も見ようとしないで、同じ過ちを繰り返すのでしょう。

一般的には時間の流れは「過去・現在・未来」ですが、仏教では「去《こ》・来《らい》・現《げん》」と表します。現在とは過去を背負い未来を孕《はら》む時だとするのです。それは過去に身を据《す》えて、そこからの反省をとおして未来を語ることです。本願文の言葉で言えば、三悪趣（地獄・餓鬼・畜生）の只中で三悪趣を背負い三悪趣の無い世界を求めて生きることです。それは現実的に言えば、過去を背負う政治を行うことです。自国の利益のために歴史まで歪《ゆが》め、自己を正当化することではありません。あったことをなかったことにし、やったことをやらなかったことにするのではなく、歴史的事実に立つことです。そこに共に生きる世界が開かれてきます。私はヴァイツゼッカー大統領に、宗教の違いを超えて、大乗仏教の精神を感じます。大乗仏教とは自分だけの救いではなく、共なる救いを課題にする教えです。

阿弥陀の四十八願は大乗仏教を課題にする『仏説無量寿経』に説かれています。その前提に立って、あらためて第二願「不更悪趣《ふきょうあくしゅ》の願」を考えてみます。この願文は、大乗仏教、具体的にはその課題を担《にな》う大乗菩薩道の精神を明らかにしています。大乗菩薩道とは、『仏説無量寿経』においては法蔵菩薩の精神として現されています。それは特に「嘆仏偈《たんぶつげ》」においては、具体的に、一つは世自在王仏《せじざいおうぶつ》のような仏（如来）になりたい。二つは一切の苦悩する衆生を救いたい。三つはこの二つの願いを実現する国土を作りたいということです。この三点の願いに立ち続けていく歩みが大乗菩薩道です。その精神を最もよく表しているのが、「嘆仏偈」の最後の言葉、つまり、「たとい、身《み》をもろもろの苦毒《くどく》の中《うち》に止《おわ》るとも、我《わ》が行《ぎょう》、精進《しょうじん》にして忍《しの》びて終《つい》に悔《く》いじ」と言われるものです。

　この菩薩の精神を明らかにするものが、実は第二願「不更悪趣の願」です。この「不更悪趣」とは、ひとたび悪趣を出たものが再び悪趣に戻らないという意味だけではありません。その真意は「私も人も共に救われる世界」を求めて、あえて三悪趣に生まれたものを、再び三悪趣に堕落させないという願いです。

　この問題については、宮城《みやぎ》顗《しずか》先生は端的に「この第二願の不更悪趣とは、もはや二度と三悪趣のある国土には帰らないということではない。（中略）我が国に生まれた者をして、ことごとく三悪趣に帰って三悪趣のなかに自在に仏事を為していく、還相《げんそう》の菩薩たらしめんと誓われているのである。（中略）。自在に三悪道を往来して、しかも三悪道に堕さない願心を生みだす世界として、浄土建立が願われているのである」（『テキスト 本願文』大阪教区伝研の会 編集発行）と述べています。

それはひとたび無三悪趣の世界にふれたものが、その世界を根拠にして、あえて三悪趣の国に生まれ出て、無三悪趣の願いを生きる時に、その精神を支え続ける本願です。三悪趣の悲惨を私の現実として、私の問題として受けとめ、どこまでも仏の願心に立ち返っていく歩みが願われているのです。

具体的に言えば、いま、日本の政治が掲げる「積極的平和主義」などは、「私も人も共に救われる世界」を求めるものではなく、むしろ戦争とテロを呼び寄せるものです。そういう現実に身を据え、仏さまの「三悪趣無からしめん」という願心に目を覚まし、非戦平和を課題にすることが第二願「不更悪趣の願」に学ぶことだと思います。

◆第三願　悉皆金色《しっかいこんじき》の願
◆第四願　無有好醜《むうこうしゅう》の願

第三願

設《せつ》我《が》得佛《とくぶつ》、
國中人天《こくちゅうにんでん》、
不《ふ》悉眞金色者《しつしんこんじきしゃ》、
不《ふ》取正覺《しゅしょうがく》。

たとい我《われ》、仏を得んに、
国の中の人天、
ことごとく真金色《しんこんじき》ならずんば、
正覚を取らじ。

現代語訳

もし、わたしが仏になるとしても、わたしの国に生まれた人たちすべてが、黄金のように光り輝いて生きることがないようなら、わたしは誓ってさとりを開きません。

第四願

設《せつ》我《が》得《とく》佛《ぶつ》、
國《こく》中《ちゅ》人《にん》天《でん》、
形《ぎょう》色《しき》不《ふ》同《どう》、
有《う》好《こう》醜《しゅう》者《しゃ》、
不《ふ》取《しゅ》正《しょう》覺《がく》。

たとい我《われ》、仏を得んに、
国の中の人天、
形《ぎょう》色《しき》不同にして、
好《こう》醜《しゅう》あらば、
正覚を取らじ。

現代語訳

もし、わたしが仏になれるとしても、わたしの国に生まれた人たちはいかなる人も平等であり、そのすがたやかたちにより尊び、卑《いや》しむことがあるようなら、わたしは誓ってさとりを開きません。

差別の現実とそれを支えている宗教を問い直す

第三願「悉皆金色《しっかいこんじき》の願」と第四願「無有好醜《むうこうしゅう》の願」の二つはどちらもインドの現実に深く関わる願文です。カースト制度による社会的差別の現実に関わり、人間を貶《おとし》める差別的な人間観を問い直し、全ての人間は輝く存在であり、尊ばれる存在であることを明らかにする願文です。

カースト制度は生まれにより人間を区分けする制度です。どのような血筋・家系に生まれたかにより人間をバラモン（祭司）・クシャトリア（王族・武士）・バイシャ（庶民）・シュードラ（隷属民）の四つの階級に分けます。このカースト制度はインドの文化にまでなっている社会的な差別制度だと私は思います。

このようなバラモン教文化圏に基づくカースト社会の只中に登場したのが仏教です。釈迦《しゃか》は、血筋・家系など、生まれにより人間を差別することを否定しました。このような釈迦の考え方を根本的に表しているのが、釈迦が説く『仏説無量寿経』の阿弥陀の本願であり、釈迦の平等主義の根源をいい当てています。「悉皆金色（全ての存在は輝いている）」とは人間の価値は肌の色で決まるものではない。黒い肌の人も白い肌の人も黄色い肌の人も共に輝く命を生きていることを「黄金色《こがねいろ》」で現しています。

もともとカースト制度は約五千年も前に北方からインド大陸に侵入したアーリア民族が、自らのインド大陸支配を正当化する制度です。カーストの語源はポルトガル語の「カスタ」（血筋・家系）です。インドではヴァルナ・ジャーティ制度とも言います。ヴァルナは「色」を意味する言葉です。その言葉が端的に示しているように、カースト制度は白人系のアーリア民族が非白人系の先住民族を征服支配する社会制度です。その差別と被差別、支配と被支配の現実が、肌の色の違いとしてあらわれています。この差別的な社会制度を見据えて、全ての存在を黄金色として見出していく世界が浄土として願われています。それが全ての命を平等に尊ぶ「悉皆金色の願」です。

第四願の「無有好醜の願」もまたカースト制度の実態に基づいて願われている願文です。「好醜」について民芸運動の柳宗悦《やなぎむねよし》は「美醜」と表しています。カースト社会の実態からいえば、支配カーストが「好」であり、被支配カーストが「醜」です。この意味により願文の真意を考えてみると、第四願「無有好醜の願」は人間の上に形として好醜（美醜）をたてるような人間観、更には、カースト制度がバラモン教を背景にしていることから、好醜をたてる宗教観が問い直されています。まさしく人間に「好醜あることなし」と、人間の本来の在り方を願うものです。好醜（美醜）のない平等の世界を明らかにすることが仏さまの願いです。

そのかぎり、願文の「形色不同にして好醜あらば」という表現は、第三願「悉皆金色の願」の趣旨から伺えば、浄土（仏）の願いはそれぞれの姿・形はその異なりのままで平等であり、その異なりにより好醜（美醜）を立てて差別されることもなく、全て光り輝く存在であることを表しています。それは金子みすゞがいう「みんなちがってみんないい」という世界です。

これらの願文に学ぶ時、私はいつも差別撤廃に命をかけたキング牧師を思い出します。彼は「私には夢がある。それは、いつの日か、ジョージア州の赤土の丘で、かつての奴隷の息子たちとかつての奴隷所有者の息子たちが、兄弟として同じテーブルにつくという夢である」と言います。このメッセージは平等を求める仏の願いに重なり、その願いは、世界人類の願いです。不当な差別を受ける、不当に差別する私たちの現実を直視して、自分を取り戻し、奪い返していくことが願われています。

第五願　宿命通《しゅくみょうつう》の願
第六願　天眼通《てんげんつう》の願
第七願　天耳通《てんにつう》の願
第八願　他心通《たしんつう》の願
第九願　神足通《じんそくつう》の願
第十願　漏尽通《ろじんつう》の願

第五願

設我得佛《せつがとくぶつ》、
國中人天《こくちゅうにんでん》、
不識宿命《ふしきしゅくみょう》、
下至不知百千億那由他《げしふちひゃくせんおくなゆた》
諸劫事者《しょこうじしゃ》、
不取正覺《ふしゅしょうがく》。

たとい我《われ》、仏を得んに、
国の中の人天、
宿命《しゅくみょう》を識《し》らず、
下《しも》、百千億那由他《なゆた》の
諸劫《しょこう》の事《じ》を知らざるに至らば、
正覚を取らじ。

現代語訳

もし、わたしが仏になれるとしても、わたしの国に生まれた人たちが、計り知れない自分の命の背景を知らないで、限りない過去のことを思い出せないようなら、わたしは誓ってさとりを開きません。

第六願

設《せつ》我《が》得《とく》佛《ぶつ》、
國《こく》中《ちゅう》人《にん》天《でん》、
不《ふ》得《とく》天《てん》眼《げん》、
下《げ》至《し》不《ふ》見《けん》百《ひゃく》千《せん》億《おく》那《な》由《ゆ》他《た》
諸《しょ》佛《ぶつ》國《こく》者《しゃ》、
不《ふ》取《しゅ》正《しょう》覺《がく》。

たとい我《われ》、仏を得んに、
国の中の人天、
天眼《てんげん》を得ずして、
下《しも》、百千億那由他《なゆた》の
諸仏の国を見ざるに至らば、
正覚を取らじ。

現代語訳

もし、わたしが仏になれるとしても、わたしの国に生まれた人たちが、全ての物事の真実を見通す力をもたないで、数限りのないさまざまな仏がたの国々を見とおすことができないようなら、わたしは誓ってさとりを開きません。

第七願

設《せつ》我《が》得《とく》佛《ぶつ》、
國《こく》中《ちゅ》人《にん》天《でん》、
不《ふ》得《とく》天《てん》耳《に》、
下《げ》至《し》聞《もん》百《ひゃく》千《せん》億《おく》那《な》由《ゆ》他《た》
諸《しょ》佛《ぶつ》所《しょ》說《せつ》、
不《ふ》悉《しつ》受《じゅ》持《じ》者《しゃ》、
不《ふ》取《しゅ》正《しょう》覺《がく》。

たとい我《われ》、仏を得んに、
国の中の人天、
天耳《てんに》を得ずして、
下《しも》、百千億那由他《なゆた》の
諸仏の所説を聞きて、
ことごとく受持せざるに至らば、
正覚を取らじ。

現代語訳

もし、わたしが仏になれるとしても、わたしの国に生まれた人たちが、全身を耳にして他者の願いに傾聴する力をもたないで、数限りない仏がたの説法を聞きとり、心に受けとめることができないようなら、わたしは誓ってさとりを開きません。

第八願

設《せつ》我《が》得《とく》佛《ぶつ》、
國《こく》中《ちゅ》人《にん》天《でん》、
不《ふ》得《とく》見《けん》他《た》心《しん》智《ち》、
下《げ》至《し》不《ふ》知《ち》百《ひゃく》千《せん》億《おく》那《な》由《ゆ》他《た》
諸《しょ》佛《ぶつ》國《こく》中《ちゅ》
衆《しゅ》生《じょう》心《しん》念《ねん》者《しゃ》、
不《ふ》取《しゅ》正《しょう》覺《がく》。

たとい我《われ》、仏を得んに、
国の中の人天、
他心を見る智《ち》を得ずして、
下《しも》、百千億那由他《なゆた》の
諸仏の国の中の衆生の
心念を知らざるに至らば、
正覚を取らじ。

現代語訳

もし、わたしが仏になれるとしても、わたしの国に生まれた人たちが、生きとし生きるものの本当の願いに心を寄せる力をもたないで、数限りのないさまざまな仏がたの国々に生きる命あるものの喜び、悲しみ、怒り、苦しむ心を知り、それと共感することがないようなら、わたしは誓ってさとりを開きません。

第九願

設《せつ》我《が》得《とく》佛《ぶつ》、
國《こく》中《ちゅ》人《にん》天《でん》、
不《ふ》得《とく》神《じん》足《そく》、
於《お》一《いち》念《ねん》頃《きょう》、
下《げ》至《し》不《ふ》能《のう》超《ちょう》過《か》百《ひゃく》千《せん》億《おく》那《な》由《ゆ》他《た》
諸《しょ》佛《ぶつ》國《こく》者《しゃ》、
不《ふ》取《しゅ》正《しょう》覺《がく》。

たとい我《われ》、仏を得んに、
国の中の人天、
神足《じんそく》を得ずして、
一念の頃《あいだ》において、
下《しも》、百千億那由他《なゆた》の
諸仏の国を超過《ちょうか》すること能《あた》わざるに至らば、
正覚を取らじ。

現代語訳

もし、わたしが仏になれるとしても、わたしの国に生まれた人たちが、衰えることのない自由自在に駆け巡る力をもたないで、またたく間に数限りのないさまざまな仏がたの国々を自由に飛びこえていくことができないようなら、わたしは誓ってさとりを開きません。

第十願

設《せつ》我《が》得《とく》佛《ぶつ》、
國《こく》中《ちゅう》人《にん》天《でん》、
若《にゃく》起《き》想《そう》念《ねん》、
貪《とん》計《げ》身《しん》者《しゃ》、
不《ふ》取《しゅ》正《しょう》覺《がく》。

たとい我《われ》、仏を得んに、
国の中の人天、
もし想念《そうねん》を起こして、
身を貪計《とんげ》せば、
正覚を取らじ。

現代語訳

もし、わたしが仏になれるとしても、わたしの国に生まれた人たちが、煩悩により妄想を起こして、自分の欲望に執着するようなら、わたしは誓ってさとりを開きません。

「共に生きる世界」を私に目覚めさせる仏の願い

次に、第五願から第十願までの本願文に学びたいと思います。願名をあげますと、第五願「宿命《しゅくみょう》通《つう》の願」、第六願「天眼《てんげん》通の願」、第七願「天耳《てんに》通の願」、第八願「他心《たしん》通の願」、第九願「神足《じんそく》通の願」、第十願「漏尽《ろじん》通の願」となります。この六つの願において六種の神通力《じんずうりき》が願われています。もともと神通とは仏教においては「禅定《ぜんじょう》を修めることなどによって得られる無礙自在な超人間的な不思議なはたらき」（法藏館『仏教学辞典』）といわれ、このはたらきを六種（宿命・天眼・天耳・他心・神足・漏尽）で現しています。

なぜこのような超能力的な神通力を求める願文が四十八願の内に設けられてい

るのでしょうか。かつて、超能力を指向した「オウム真理教」の修行に、いかに空中に浮遊することができるのか、いかに水中に長く潜《もぐ》ることができるのか、というものがありました。しかし、翼のない人間は鳥のように空を飛べない。エラのない人間は魚のように長く水に潜れない。それにもかかわらず、それが可能だと考えること自体が人間の妄想です。それでは一体この願文に、何が託されているのでしょうか。

ある時、灰谷《はいたに》健次郎さんの『太陽の子』（角川文庫）を読んでいて、神通力を願う心にハッと気づいたことがあります。沖縄出身の両親と共に神戸で暮らす主人公「ふうちゃん」は、父親の心の病が実は「沖縄と戦争」にあることに気づきます。沖縄戦で鉄の暴風雨と呼ばれた連合軍の攻撃によって殺されていった人たち。いまもなおアメリカ軍の基地のために生活と生命を脅《おびや》かされている人たち。そういう過去とつながる現在の歴史として、「ふうちゃん」は父親の心の中に戦争が続いていることを知っていくのです。

そして彼女は、自分自身を次のように理解していきます。「自分はおとうさんとおかあさんのあいだにうまれてきた大峯芙由子というひとりの人間だとおもっていたけれど、自分の生は、どれほどたくさんのひとの悲しみの果てにあるのかと思うと、気が遠くなる思いだった」と。ここで「ふうちゃん」は心を病むお父さんの悲しみをとおして、戦争で傷ついた人々の無数の悲しみに想いを馳せます。同時に、その悲しみのつながりに自分自身があることを「ふうちゃん」は知るのです。

それはいままで考えもしなかった全く新しい自分自身との出遇いでした。それは、自分一人の命に閉じこもっている私が、過去世の命とのつながりによって、他者と「共に生きる」私に目覚め、「共に生きる」課題を私の身にいただくことでした。文字どおり、宿命通の願とは、私の命に託されている歴史的使命に私を目覚めせしめようとする仏の願いです。そういう視点で六神通をいただくと、それらは全て私がいかなるもの（主体）として生きているのかを問うている願文であるといただけるのではないでしょうか。

「天眼通の願」は、私の知らない世界の悲惨な現実を見る力です。「天耳通の願」は、誰からも知られることなく世界の片隅で呻《うめ》いている悲しみの声を聞いていく力です。「他心通の願」は、他者の心に同感し同悲する力です。「神足通の願」は、問題のあるところに軽々と身を運ぶ力です。「漏尽通の願」は、それらの全てに対して自分を勘定にいれないで行っていく力です。まさしくこれら六種の願文は、第一願に説く「地獄」（戦争）「餓鬼」（差別）「畜生」（抑圧）という人間の非人間的な在り方を、私の問題として見据えて、「共に生きる世界」に私を目覚めさせる仏さまの願いであるのでしょう。

◆第十一願 必至滅度《ひっしめつど》の願・住正定聚《じゅうしょうじょうじゅ》の願

第十一願

設我得佛《せつがとくぶつ》、
國中人天《こくちゅうにんでん》、
不住定聚《ふじゅじょうじゅ》
必至滅度者《ひっしめつどしゃ》、
不取正覺《ふしゅしょうがく》。

たとい我《われ》、仏を得んに、
国の中の人天、
定聚《じょうじゅ》に住し
必ず滅度《めつど》に至らずんば、
正覚を取らじ。

現代語訳

もし、わたしが仏になれるとしても、わたしの国に生まれた人たちが、自利利他を歩む仏道から退転しない正定聚の位に入り、必ずさとりを得ることがないようなら、わたしは誓ってさとりを開きません。

現実の只中で仏道に立って行動する菩薩の誕生を願う

このたび（2015年）、真宗大谷派（東本願寺）の南米開教監督として赴任したブラジルでの生活を踏まえて、この南米の大地に生きる人々に、阿弥陀仏の本願がどのようにブラジルという他方国土に開かれているのか。そういう問題についても本願文をとおして考えていきたいと思います。

阿弥陀仏の国土から言えば、日本もブラジルもどこの国も「十方無量《じっぽうむりょう》不可思議の諸仏《しょぶつ》世界」であり、「他方国土」です。それぞれにその国を建立している国土人民がいます。それらの他方国土の人民に対して、阿弥陀仏は無差別平等の心により願いをかけていきます。もちろん、戦争放棄を宣言したにもかかわらず、その憲法を蔑ろにして「戦争する国」づくりを進めている日本もまた、阿弥陀仏の願いの中の他方国土です。それでは、親鸞聖人が「必至滅度《ひっしめつど》の願」と名づけた第十一願の意味を尋ねていきます。この本願は、冒頭の第一願「無三悪趣の願」と、それ以降との関連でいえば、地獄・餓鬼・畜生という人間が人間であることを見失っている現実に対して、まさに六神通《ろくじんずう》の願を受けて、現実に身を据えて本願の仏道を歩むことを願います。それが「滅度（涅槃《ねはん》）」に至る道としての「定聚《じょうじゅ》（正《しょう》定聚）」に住することです。

それは自分の利益しか求めない自己中心的な私が、仏の願いを「いま・ここ」で生きるということでしょう。ブラジルの言葉で「アキ・アゴーラ（いま・ここ）」という言葉がありますが、私はそれを、阿弥陀の本願を「いま・ここ」でいただく、課題として生きると受けとめます。それがこの第十一願では、正定聚に住するという言葉で表されています。日常用語で言えば、「私は仏教徒です」

と、「いま・ここ」で仏さまの教えに生きる身が願われているのです。

もともと「正定聚」とは浄土往生《おうじょう》が決定した位《くらい》です。また「不退転」とも表します。「不退転地」とは菩薩の位です。したがって「必至滅度の願」は仏道から退転しない菩薩の誕生が願われていると言ってもいいでしょう。我も人も共に救われる道を歩み続けていく、つまり、人間を非人間化する現実から退かないということです。それは仏の願いに目覚め、「私は仏教徒です」と、その願いに生きることです。

私の友人は、ずいぶん長く外国語サークルに通っています。そこでは毎回、学んでいる言語で自分の意見を述べ合う時間があるそうです。その時間で今年になって特に、命を奪い、傷つけあう事件が国の内外で多くあったことから、多くの方が死刑制度の存置をいい、集団的自衛権や憲法第9条の改訂も必要ではないか、また原発の再稼動にも肯定的な意見が続いて出たそうです。これらの発言に心を痛めた友人は、勇気を出して、「私は仏教徒ですから、そのようには考えません。釈尊《しゃくそん》は、いかなる命も殺してはならない、殺させてもならないと教えています。だから、死んでいい、死なせていいとは考えません」と、仏法に促されて、それらの意見に対して、仏の願いを拠り所にして問いを発したそうです。

現実に立つとは、「いま・ここ」で私も人も共に救われていく道、つまり仏道に立つということです。まさしく正定聚の人（不退転の人）とは、阿弥陀仏の本願に目覚め、本願を生きる人です。そういう存在を菩薩というのでしょう。阿弥陀仏の願いをまっすぐにいただき、煩悩《ぼんのう》の只中に身を埋めて、共に苦しみ、共に悩み、共に怒り、共に悲しむ。そういう菩薩の誕生を願う願文が、「必至滅度の願」と親鸞聖人が受けとめた第十一願ではないかと思います。

◆第十二願　光明《こうみょう》無量《むりょう》の願
◆第十三願　寿命《じゅみょう》無量《むりょう》の願

第十二願

設《せつ》我《が》得《とく》佛《ぶつ》、
光明《こうみょう》有《う》能《のう》限量《げんりょう》、
下《げ》至《し》不《ふ》照《しょう》　百《ひゃく》千《せん》億《おく》那《な》由《ゆ》他《た》
諸《しょ》佛《ぶつ》國《こく》者《しゃ》、
不《ふ》取《しゅ》正《しょう》覺《がく》。

たとい我《われ》、仏を得んに、
光明能《よ》く限量《げんりょう》ありて、
下《しも》、百千億那由他《なゆた》の
諸仏の国を照らさざるに至らば、
正覚を取らじ。

現代語訳

もし、わたしが仏になれるとしても、光明としてのわたしの力に限りがあって、数限りのないさまざまな仏がたの国々を照らさないようなら、わたしは誓ってさとりを開きません。

第十三願

設《せっ》我《が》得佛《とくぶつ》、
壽命《じゅみょう》有《う》能《のう》限量《げんりょう》、
下《げ》至《し》百《ひゃく》千《せん》億《おく》那《な》由《ゆ》他《た》劫《こう》者《しゃ》、
不《ふ》取《しゅ》正覺《しょうがく》。

たとい我《われ》、仏を得んに、
寿命能《よ》く限量《げんりょう》ありて、
下《しも》、百千億那由他《なゆた》の劫《こう》に至らば、
正覚を取らじ。

現代語訳

もし、わたしが仏になれるとしても、わたしの寿命に限りがあって、数限りのない時間に及ばないようなら、わたしは誓ってさとりを開きません。

全ての人がそのままで生きられる大悲の根本をなす願

第十二願「光明《こうみょう》無量《むりょう》の願」と第十三願「寿命《じゅみょう》無量《むりょう》の願」というこの二つの願は、後の第十七願「諸仏《しょぶつ》称名《しょうみょう》の願」と合わせて、仏自身が仏に成ることを願う本願文です。またこの三つの願を合わせて「摂法身《しょうほっしん》の願」（求仏身《ぶっしん》の願）とも言われます。なぜ法蔵菩薩は限りのない光と限りのない命の仏になろうと願ったのでしょうか。しばらく、現実的な問題をとおして考えてみます。

ブラジルでの生活で私が関わった多くの人たちは日本移民の二世、三世の「日系ブラジル人」です。戦後に移民した人もいます。その他に「非日系ブラジル人」にも関わっています。いずれも日系の文化、非日系の文化を持ちつつ、さまざまなご縁で真宗の教えにふれ念仏申す人たちです。

もちろん、日系人は家の宗教との関わりがあり、念仏の教えにふれる機会は多くあります。しかし、遠くブラジルにまで伝わった念仏の歴史に、自らの生きる根拠を見出し本願念仏に立ち上がるかどうかは、まさに個々の問題です。それは非日系人が仏教に関わる問題と同じことです。さらには日本に生きる私たちの問題でもあります。日本人だから、日本語がわかるから、仏教がわかるということでもありません。問題は、仏教との出遇いが念仏申す仏縁にまで深まるかどうかです。

ブラジルにおいて念仏申す歴史の発端は日本移民の存在です。その移民の中に念仏申す人々がいて、それらの人々の願いにより、さまざまな困難を経て、法話に耳を傾ける場所が開かれ、開教寺院がうまれました。しかし、日系人であれ、非日系人であれ、現実生活を生きる個々の人々が、念仏申してきた歴史にふれて、自らもまた念仏申すものとなるためには、私たちの思いに先立って生きとし生けるものに無差別平等にはたらいている「仏さまの願い」という根本的な事実に立ち返る必要があります。それこそが親鸞聖人が「すでにして願《がん》います、すなわち光明・寿命の願これなり」（『教行信証《きょうぎょうしんしょう》』真仏土巻）と記し、この二つの願を「大《だい》悲《ひ》の本」とする。つまり阿弥陀仏の本願の根本とするというのです。

それは全ての人が、国籍、民族、性差、能力などを問われることなく、そのままに「本願内存在」として阿弥陀仏の「大悲」の内にあるということです。それを表すのが大悲の根本としての「光明無量の願」と「寿命無量の願」です。

つまり、もはや日系人であろうが、非日系人であろうが、この地上において人が人として生きて在ることが、すでに限りのない光と限りのない命により、「いのちみな生きらるべし」（リルケ）と願われている存在です。その根本的事実により、言葉の違う、文化の違う、肌の色の違う人々が、その違いのままに、念仏の教えに共鳴し、念仏申すことにおいて、本願の内に在る「我が身」に目覚めていくのです。

すなわち、法蔵菩薩が自らを「光明無量」「寿命無量」の阿弥陀仏たらんと願うことにより、どのような場所においても、どのような時代においても、自己中心的な分別心によって、自己絶対化の迷いの中で苦悩する私という衆生を内に抱きしめる如来の大悲心が開かれたのです。それは具体的には、あなたはあなたのままで尊い、私は私のままで尊い命を生きている。どうして互いに殺しあうのかと、果てしなく「自傷・傷他」する人間の現実を問うはたらきです。

２０１５年８月は戦後70年の節目の年でした。私たちは、無数の戦争犠牲者に思いを馳せ、心に刻んで、戦後71年、戦後72年と歩んでいかなければなりません。２０１４年の集団的自衛権の閣議決定以来、日本は「戦争する国」に舵《かじ》をきりました。この状況の中で、私たちが阿弥陀の本願を拠り所にして、相互共存する「本願の国」を願い、生きるかどうか、そのことが大悲の本願に出遇うかどうかの際《きわ》であると思います。

◆第十四願　声聞無数《しょうもんむしゅ》の願

第十四願

設我得佛《せつがとくぶつ》、
國中聲聞《こくちゅしょうもん》、
有能計量《うのうけりょう》、
下至三千大千世界《げしさんぜんだいせんせかい》
聲聞縁覺《しょうもんえんがく》、於百千劫《おひゃくせんごう》、

たとい我《われ》、仏を得んに、
国の中の声聞《しょうもん》、
能《よ》く計量《けりょう》ありて、
下《しも》、三千大千世界の
声聞《しょうもん》・縁覚《えんがく》、百千劫《ごう》において、

悉共計挍《しつぐけきょう》、
知其數者《ちごしゅしゃ》、
不取正覺《ふしゅしょうがく》。

ことごとく共に計校《けきょう》して、
その数を知るに至らば、
正覚を取らじ。

現代語訳

もし、わたしが仏になれるとしても、わたしの国の声聞の数に限りがあって、少なくとも三千大世界中のすべての声聞（仏の教えを聞く人）や縁覚（独りで目覚めようとする人）が、長い時間をついやして、それらの人々が力をあわせて計算して、その数を知ることができるようなら、わたしは誓ってさとりを開きません。

他者の声に耳を傾け人々と共に生きる
「声聞」の誕生を願う

第十四願「声聞無数の願《しょうもんむしゅ》」には、無量無数の声聞の存在が願われています。声聞とは目覚めた人（釈迦）の声（教え）を聞く仏弟子《ぶつでし》を指します。この本願文は第十二願「光明無量の願」の具体的なはたらきです。光明は仏の智慧を象徴しています。だから仏の智慧により我が身の底知れない無明の闇を自覚する仏弟子を声聞と表しています。自分の世界にうずくまり、他者の悲しみにも、苦しみにも心を閉ざし、塞《ふさ》いでいるものが、目覚めた人（釈迦）が語る阿弥陀仏の「摂取不捨《せっしゅふしゃ》」、つまり「えらばず、きらわず、見すてず」（竹中智秀氏の言葉）のはたらきに出遇い、教えに身を据えるものになる。そんな声聞の誕生が願われています。

しかし、大乗仏教の教えでは声聞は縁覚《えんがく》（師をもたないで独自にさとりを開く人）と共に、個人的なさとりを目指すものとして、龍樹《りゅうじゅ》は、「声聞・縁覚に堕《お》ちることは仏道を閉す」（『十住毘婆沙論《じゅうじゅうびばしゃろん》』・取意）とまで言っています。願文では声聞が願われていても、現実には、私たちが他者の言葉に耳を傾けることは、「この経《きょう》を聞きて信楽受持《しんぎょうじゅじ》すること、難《かた》きが中に難し」（『仏説無量寿経』）とあるように、自分の考えを頑《かたく》なに固執するものには、本当に難しいことです。それでも言葉の本来の意味から言えば、声聞とは仏弟子としての大切なあり方です。そのために本願文は、どこまでも「声聞が無数に誕生すること」を願うのです。そこでは、人間のもつ独断と偏見を見据えながらもなお、声聞を課題にしています。

なぜでしょうか。具体的な問題をとおして考えてみます。現在（２０１６年）、私はサンパウロで生活しています。人口は１千万余。多民族・多文化社会での生活は戸惑うことも多いです。しかも、日常言語はポルトガル語なので、全く言葉がわかりません。言葉が言葉でなく、音としてしか聞こえてこないのです。音としてしか聞こえないことについてはこんな問題がありました。2012年6月29日、福井の大飯《おおい》原発が再稼働されようとする際、首相官邸前に20万余の人が集まり、原発再稼働に反対の声をあげました。私も現地で仏旗を掲げて反対の意思を示しました。当時の首相は、首相官邸にあってその声を耳にしながらも、それらの声に対して「何か大きな音だね」と言ったそうです。他者の声が声として、言葉として聞こえていないのです。その意味では、サンパウロで生活する私も、当時の首相も、安保法制を掲げる現在の首相も同じです。他者の声が声(意思を表す形)として耳に入らないのです。

月刊誌『同朋』(2015年5月号)の対談で、同志社大学の浜矩子《はまのりこ》教授は「私は最近、このいまの状況と闘うために、われわれに必要なものが三つあると思うようになりました。その三つとは、耳と目と手です。耳というのは傾ける耳。人が言うことをしっかり傾聴すること。そして目は、涙する目。人の痛みに思いを馳せて泣くこと。そして、手は差し伸べる手。お互いに差し伸べあう手をもっていれば、分断と孤立という魔の手に決して負けることはないと思う」と、大切な視座を私たちに伝えています。

凡夫は「異生《いしょう》」という言葉でも表すことができます。異生とはそれぞれの立場をもって生きているということです。私には私の立場があり、君には君の立場がある。その立場に固執する限り、他者の声に耳を傾けることはできません。それこそが、まさしく、声聞という名で問われてきた問題です。

つまり、真実の教えを聞きながらも、自己を絶対化するために真実の声を聞くことのない私の現実を問い続けているのが、声聞を二乗地（個人的なさとりに満足する在り方）としてしりぞけてきた大乗仏教です。しかし、そうであるからこそ、十方衆生《じっぽうしゅじょう》の救いを課題にする阿弥陀の本願には、あらゆる人々と「共に生きる」課題を聞き取る意味での「声聞」が問題にされているのです。

◆第十五願

眷属長寿《けんぞくちょうじゅ》の願

第十五願

設《せつ》我《が》得《とく》佛《ぶつ》、
國《こく》中《ちゅう》人《にん》天《でん》、
壽《じゅ》命《みょう》無《む》能《のう》限《げん》量《りょう》。
除《じょ》其《ご》本《ほん》願《がん》　脩《しゅ》短《たん》自《じ》在《ざい》。
若《にゃく》不《ふ》爾《に》者《しゃ》、不《ふ》取《しゅ》正《しょう》覺《がく》。

たとい我《われ》、仏を得んに、
国の中の人天、
寿命能《よ》く限量なけん。
その本願、修短《しゅうたん》自在ならんをば除く。
もし爾《しか》らずんば、正覚を取らじ。

現代語訳

もし、わたしが仏になれるとしても、わたしの国に生まれた人たちは限りない命をいただくものとしたい。ただし衆生教化のためにわたしの国を出たいという自らの願いがあり、その寿命の長さを自由自在にしたい者の場合はその限りではありません。除きましょう。そうでなければ、わたしは誓ってさとりを開きません。

浄土に生まれた人は仏と共に大悲を行ずる眷属（仲間）となる

第十五願は「眷属長寿《けんぞくちょうじゅ》の願」で、眷属とは一般的には親族関係を表しますが、ここでは仏の教化にあずかって、阿弥陀仏の国土に生まれた人々のことを指しています。願文の趣旨は、浄土に生まれた人々は、阿弥陀仏と同じく限りない命をいただくものにしたい。ただ自分の意思で浄土にとどまらないものはその限りではないというものです。

浄土に生まれたものは阿弥陀仏と同じく寿命無量にしたいと願いながらも、自分の意志で浄土にとどまらないものは「除く」というところに、この第十五願の真骨頂があります。光明無量が阿弥陀仏の智慧を表し、寿命無量は慈悲を表します。真実を見抜く智慧を背景にして真実の慈悲が開かれています。慈悲とは抜苦《ばっく》与楽《よらく》の心です。衆生の苦しみ、悲しみ、呻《うめ》きに同感して、共に苦しみ、悲しみ、呻く仏の心です。いかなる人とも共に生きていこうとする心です。それが阿弥陀の大慈悲心です。その心を共有し、さらにはその心にふれて自らも現実の只中に立ち返り、苦悩する衆生と共に生きんとする存在が願われています。

現代に即して言えば、「戦争をしない国」であった日本が、いま「戦争をする国」になろうとするその現実の只中で、阿弥陀の本願にふれて、どこまでも非戦平和を願って生きていく「眷属」との出遇いです。

去る6月18日、安保法制に反対する瀬戸内寂聴《せとうちじゃくちょう》さんは、病の身を押して国会前に駆けつけ、「再び戦争への道を歩んではならない」と熱いスピーチを行いました。瀬戸内さんの「青春は恋と革命」、その言葉に若者たちが呼応《こおう》して、戦争反対の声を大きくしています。それがブラジルにも伝わってきました。「眷属長寿の願」とは、現実を受けとめる仲間と、その仲間と共に現実を変えていく力をいただくことです。ただ単に長寿延命が願われているのではありません。

それは阿弥陀の志願を共有する浄土の人民の誕生です。具体的には阿弥陀仏の大悲を帰依処《きえしょ》として生きる無数の人々の誕生を課題にするところに第十五願の実際的な意味があります。

いま私は、アルゼンチンとパラグアイに生きる日系移民の人々を訪ねる旅の帰路にいます（2016年）。半世紀以上も前に大きな夢と希望を抱いて、この地に渡って植林、農業、酪農などを手がけて生きてきた人々の声に耳を傾けてきました。肥沃《ひよく》な大地の恵みを受けて大きく発展した開拓地で生活する人々の共通した問題は、この豊かに花開く大地をどう後世に手渡していくのかです。いうなれば開拓の精神を受け継いで生きていく人々の誕生です。

私はその現実にふれながら、阿弥陀仏がなぜ浄土に生まれた人々に対して自分と同じように寿命を無量にする本願を立てたのかを考えてみました。それは阿弥陀の大悲をこうむるものはやがてその大悲を行ずる存在として誕生していくことを阿弥陀仏が願うからです。このことから言えば、浄土の人民もまた仏と同じ大慈悲心を生きるものです。仏に従属するものではありません。その端的な在り方が後半に出ている「その本願、修短自在《しゅうたんじざい》ならんをば除く」という言葉です。この言葉は、阿弥陀仏の大悲を受け、あえて、地獄・餓鬼・畜生の世界にとどまり、人間回復の道を衆生と共に生きんとするものの課題を表しています。この一言により、浄土の世界は私の向こう側にある静止的世界ではなく、限りなくすべての人を友・同朋《どうぼう》として見出していく「人《にん》」を生み出す能動的世界であると知ることができます。

◆第十六願　無《む》諸《しょ》不《ふ》善《ぜん》の願

第十六願

設《せつ》我《が》得《とく》佛《ぶつ》、
國《こく》中《ちゅ》人《にん》天《でん》、
乃《ない》至《し》聞《もん》有《う》　不《ふ》善《ぜん》名《みょう》者《しゃ》、
不《ふ》取《しゅ》正《しょう》覺《がく》。

たとい我《われ》、仏を得んに、
国の中の人天、
乃至《ないし》不善《ふぜん》の名ありと聞かば、
正覚を取らじ。

現代語訳

もし、わたしが仏になれるとしても、わたしの国に生まれた人たちに、悪人として譏嫌《そしり》われる者はもとより、それらをおとしめる不善の名・言葉を耳にするようなら、わたしは誓ってさとりを開きません。

差別的な言葉で人を傷つける現実を問い人間の解放を願う

第十六願「無諸不善《むしょふぜん》の願」にある「不善」とは「不善の名《みょう》」とあるように、三途《さんず》（地獄・餓鬼・畜生）の苦難を受けるような名（言葉）のことです。具体的にはもうひとつの願名「離譏嫌名《りきげんみょう》の願」にある「譏嫌」、つまり人が人を「譏《そし》り、嫌う」ことを表す名（言葉）です。もしその「不善の名」を聞くならば、私は仏にはなりませんと、徹底して「不善の名」により生じる地獄・餓鬼・畜生の苦悩を課題にします。

それではなぜ、それほどに「名」（言葉）の問題が取り上げられるのでしょうか。それは人間が、言葉により世界を認識するからです。たとえば、偏狭な愛国心で在日外国人を攻撃するヘイトスピーチ。弱者に対する強者のハラスメント。それらの言葉によって人は、「三途苦難の苦」を感じるのです。譏嫌する言葉は暴力です。思い起こせば、私たちが生きる世界は、現実的には国家であり、市民社会です。その実態は「強きもの弱きを伏す」(『仏説無量寿経』)権力社会です。そこで起きている「不善」の「名」(言葉)による暴力は多くの人々を奈落の底に突き落としています。

その一例として、ハンセン病差別問題をとおして、なぜ「無諸不善」(離譏嫌名)が願文として誓われてきたのかを具体的に考えたいと思います。*

日本では、1907年に「癩《らい》予防ニ関スル件」が公布され、31年に「癩予防法」が制定されたことにより、ハンセン病患者の全隔離が行われることになりました。まさに、国家の差別政策のなかで、存在を傷つけられ、踏みつけられ、時には自死にまで追い込まれ、三途の苦しみを味わってきた人たちがいるのです。

その一人が、今年（２０１５年）96歳になる長島愛生園在住の田端明さんです。

田端さんは強制隔離で故郷を追われた日のことを次のように語っています。

「昭和15年4月18日午後4時、私は後ろ髪を引かれる思いで家を出ました。21年間、私を育ててくれた故郷の山や川に、涙を流して離れることになりました。駅に着きますと実兄が来ていました。「お父さんから、お前に付いて行ってやってくれと頼まれた。発車時間は5時だ」と言って切符を渡してくれました。程なく発車時間が近づいてきました。ホームに出ようと立っていた時です。父が息急き切って、飛びこんできました。息を弾ませながら、袂《たもと》から紫の袱紗《ふくさ》の包みを出して、私の両手に握らせて「これはお母さんの形見の数珠《じゅず》や。大切にしなさい」と言って、私の両手を握り締めて涙をぽろぽろと流しました。その涙が、父と私の今生の別れになったのでございます」。（田端明『ハンセン病の苦悩と信念』）

　このようにして田端さんはハンセン病を差別する「不善の名」に苦しみ、差別を助長する国家の隔離政策のなかで人権侵害を被《こうむ》ってきたのです。その差別に向きあう法蔵菩薩の現実認識が「不善の名を聞く」という言葉に表れています。聞くとは「不善の名」に呻吟《しんぎん》する人間を受けとめる悲しみの認識です。それは徹底して人間を否定する現実に身を置く菩薩の精神です。そこに「不善の名」（言葉）に傷つき、苦しみ、悩む心に共感し、共苦して「不善の名ありと聞かば、正覚を取らじ」と叫ぶ第十六願の面目があります。差別言辞で人間を否定する現実を問い、人間を解放する浄土の願いが願文全体に溢れています。そしてこの「不善の名」の問題を引き受けて開かれてくるのが、「摂取不捨《せっしゅふしゃ》」（えらばず、きらわず、見すてず）の意義を現す「阿弥陀の名」です。つまり「我が名を称せ」ることを願う第十七願であります。

＊ハンセン病…かつては「癩《らい》病」と呼ばれ、１８７３年にノルウェーの医師ハンセンにより原因菌が発見された感染症。感染力はきわめて弱く、戦後は特効薬により治癒可能となったにもかかわらず、日本では「らい予防法」による強制隔離が１９９６年まで行われ、厳しい人権侵害が続いた。

◆第十七願 諸仏称名《しょぶつしょうみょう》の願

第十七願

設《せつ》我《が》得《とく》佛《ぶつ》、
十方《じっぽう》世界《せかい》　無量《むりょう》諸佛《しょぶつ》、
不悉《ふしつ》咨嗟《ししゃ》　稱我名者《しょうがみょうしゃ》、
不取正覺《ふしゅしょうがく》。

たとい我《われ》、仏を得んに、
十方世界の無量の諸仏、
ことごとく咨嗟《ししゃ》して、我《わ》が名を称せずんば、
正覚を取らじ。

現代語訳

もし、わたしが仏になれるとしても、十方世界の数限りのないさまざまな仏がたが、みなわたしの名をほめたたえないようなら、わたしは誓ってさとりを開きません。

諸仏の称える念仏に
私の生きる道を明らかにする

私が生活しているブラジル別院の報恩講は12月初旬に勤まります。この時期になると、私は得度《とくど》（真宗大谷派の僧侶となるための儀式）を受けて初めて袈裟《けさ》衣をつけてご縁をいただいた寺院の報恩講に出仕したことを思い出します。「正信偈」を終えて初重《しょじゅう》・二重・三重と念仏・和讃《わさん》をあげながら、なぜこの念仏の声が伽藍《がらん》の内だけではなく、伽藍の外に響いていかないのだろうか。そういう疑問をもちました。

しかし、それはあまりにも不遜《ふそん》な私の主観的な思いあがりでした。もともと念仏は私が工夫したものではありません。私の意志と努力で称《とな》えるものではありません。私に先立って念仏申している歴史に出遇い、その念仏に催《もよお》されて私もまた念仏申すものとなったのです。それはいくら念仏が十方微塵《じっぽうみじん》世界に充ち満ちて、すべての生きとし生けるものに届けられていたとしても、私に先立ってその念仏に出遇い、念仏申す人がいなければ、私に念仏はおきてこなかったでしょう。

親鸞聖人によれば、念仏は「大悲の願より出《い》でたり」（『教行信証』行巻）と言われています。念仏は、私が南無阿弥陀仏と念仏申すその声にまでなって、私を揺り動かし続けている大悲のはたらきです。

また念仏は、自己中心的な物欲で世界を踏みつけてやまない「私と私の世界」を問い、その閉ざされた現実を開く如来の呼び声です。

「正信偈」には如来の願いが「重ねて誓うらくは、名声《みょうしょう》十方に聞こえんと」とあります。それは私ども人間が作るさまざまな垣根を越えて、如来の大悲の心は、「南無阿弥陀仏」の名となって、実に軽々と十方を超えて、十方に聞こえんと「我が名」を届けているということです。

世界の秘境と言われながらも、どんどんと開発が進み、その自然が壊され続けているアマゾンにも、人口増加と経済的格差の拡大で犯罪発生率の高いサンパウロにも、私どもを慈しみ悲しむ如来の心が南無阿弥陀仏の名となり、声となり、まさに「アキ・アゴーラ（いま・ここ）」にはたらいているのです。だからこそ、そのはたらきに気づき目覚めることが求められています。そういう気づきのご縁が、ここブラジルの地で言えば、入植地で、過酷な労働の中で称えられてきた無数の人々の念仏です。

大谷専修学院の院長であった信國《のぶくに》淳《あつし》先生はかつて「南無阿弥陀仏とは如来の自己贈与」だと言われました。そこで私は思いました。その如来の名を称える人々こそ、私にとっては十方世界の無量の諸仏なのです。

私の仕事はブラジル、そしてパラグアイ、アルゼンチンに生きる人々の生の声を聞くことです。その中で、その地において、まさしく念仏申している人々に出遇いました。それらの人々は例外なく、先達の声に催されて念仏申してきた人々です。

確かに阿弥陀如来の大悲の心は十方微塵の世界に、南無阿弥陀仏の声となって届けられています。しかし、その念仏申す歴史に出遇うには、念仏申す「人」に出遇うことが必須です。それは親鸞聖人が念仏者・法然上人との出遇いにおいて、往生を確信して念仏者として「世の中安穏なれ、仏法ひろまれ」と願って生きたようにです。まさしく第十七願の「諸仏称名《しょぶつしょうみょう》の願」とは、私に先立って念仏申す人を諸仏としていただき、その諸仏の称える念仏に私の生きる道を明らかにする仏の願いです。

現代に即して言えば、それは経済的利益のために「戦争をしない国」を「戦争をする国」にし、人類を破滅させる原子の火を稼働する、物欲に惑う自己中心的な私たちを根本から問い糺《ただ》す大悲の願いです。

◆第十八願

至《し》心《しん》信《しん》楽《ぎょう》の願

第十八願

設《せつ》我《が》得《とく》佛《ぶつ》、
十方《じっぽう》衆生《しゅじょう》、至《し》心《しん》信《しん》樂《ぎょう》、
欲《よく》生《しょう》我《が》國《こく》、乃至《ないし》十念《じゅうねん》。
若《にゃく》不《ふ》生《しょう》者《じゃ》、不《ふ》取《しゅ》正覺《しょうがく》。
唯《ゆい》除《じょ》五《ご》逆《ぎゃく》、誹謗《ひほう》正法《しょうぼう》。

たとい我《われ》、仏を得んに、
十方衆生、心を至し信楽《しんぎょう》して
我が国に生まれんと欲《おも》うて、乃至《ないし》十念せん。
もし生まれずは、正覚を取らじ。
唯《ただ》五逆《ごぎゃく》と正法《しょうぼう》を誹謗《ひほう》せんをば除く。

現代語訳

もし、わたしが仏になれるとしても、十方の衆生がまことの心で信じ願い、わたしの国に生まれたいと欲《おも》い、念じること十回ほどしても、それでも生まれないようなら、わたしは誓ってさとりを開きません。ただし、父を殺し、母を殺し、聖者を殺し、僧伽《サンガ》の和合を破り、仏身を傷つける五逆の罪をおかす者と仏法を否定する誹謗の者とは除きます。

如来の大悲心が衆生の上に信心として花開くことを誓う願

２０１５年の11月にブラジル人僧侶の企画で、ブラジル別院を会場に、日系・非日系ブラジル人を対象とした「お寺体験」が行われました。ポルトガル語が飛び交う中で、「正信偈」同朋奉讃《どうぼうほうさん》の練習、聴講、さらには「お仏飯《ぶっぱん》」の盛り方の講習など多彩な内容でした。本堂まで響き渡る参加者の勤行《ごんぎょう》と念仏は、民族、国家、性差、社会的立場を超えて、この南米の地に阿弥陀の本願が一声二声の念仏となって花を咲かせているようでした。あらためて、普遍《ふへん》の法としての念仏が一人ひとりの声となって、それぞれの身に届けられていることに感動します。

第十八願は次の第十九願、第二十願とともに、あらゆる人（十方衆生《じっぽうしゅじょう》）の上に、本願念仏の花がいかにして開くのか、その課題を担う本願文です。この願を法然上人は「念仏往生《ねんぶつおうじょう》の願」と表し、親鸞聖人はそれを踏まえて、「選択本願《せんじゃくほんがん》の願」、「本願三心《ほんがんさんしん》の願」、「至心信楽《ししんしんぎょう》の願」、「往相信心《おうそうしんじん》の願」と受けとめました。上人が「念仏往生の願」と表すのは、この第十八願に阿弥陀如来が念仏をもって往生の本願とする如来の願心を見出したからです。上人は「称名念仏はこれ彼の仏の本願の行なり」（『選択本願念仏集』）と、念仏を人間の自我の行ではなく、本願の行《はたらき》と受けとめました。この全く新しい上人の念仏理解に出遇ったのが親鸞聖人です。

『歎異抄《たんにしょう》』には、「親鸞におきては、ただ念仏して、弥陀にたすけられまいらすべしと、よきひとのおおせをかぶりて、信ずるほかに別の子細《しさい》なきなり」（『歎異抄』）と、「よきひと」（法然上人）により「本願の念仏」に目覚めたことが記されています。つまり親鸞聖人は法然上人によりながらも、第十八願を特に念仏のはたらきを自覚する「信」の問題として捉え、如来が衆生に信心として花開くことを誓う願文として受けとめたのです。

それはなぜでしょうか。おそらくそれは親鸞聖人が自分自身を深く顧みる中で、この本願文の後半に出てくる「唯《ただ》五逆《ごぎゃく》と正法《しょうぼう》を誹謗《ひほう》せんをば除く」の言葉に自分自身の現実を見たからです。五逆とは人間関係を破壊する問題です。誹謗正法とは仏法（真理《しんり》）を否定する問題。その「除かれるもの」を他人事としないで、そこに自分の問題を見たのです。親鸞聖人はこの問題に対して「このふたつのつみのおもきことをしめして、十方一切の衆生みなもれず往生すべし、としらせんとなり」（『尊号真像銘文』）と明らかにしています。人と人との関係を断ち切り、仏法（真理）を破る、そんな我が身に救いがあるのか。この救いの根拠を求める親鸞聖人に見出されたのが、如来の大悲心からはじまる本願の仏道です。それが「如来よりたまわりたる信心」（『歎異抄』）として表される本願念仏の信心です。

信心とは私が起こす心ではなく、私にたまわる心です。阿弥陀の本願が私に成就することです。親鸞聖人は信心の成り立ちについて、この本願文を解釈する中で、「我が国に生まれんと欲うて」とは、私にはたらく如来の大悲心のことだとしています。すなわち、「「欲生《よくしょう》」と言うは、すなわちこれ如来、諸有《しょう》の群生《ぐんじょう》を招喚《かん》したまうの勅命《ちょくめい》なり」（『教行信証』信巻）と、その如来の絶対的な呼びかけが私に真実の信心として開かれるのです。信心は私の主観的な精神の状態ではありません。私に起こる如来の自覚です。それがあらゆる人と共に生きる世界を開くのです。私の生活にその世界が開かれているのか、いないのか。それが問題です。

安田理深《りじん》先生の「胸の中をのぞきこむな。顔をあげて聞け。賢さをすてて、外へ出よ。外はもうすでに夜が明けている」（『本願の歴史：正信偈序講』文明堂）という言葉があります。本願の信心が世界を閉ざす私を問うています。それは私が称える念仏の声となって私にはたらく自覚です。南無阿弥陀仏と念仏申すことと別のことではありません。

◆第十九願　至心発願《ししんほつがん》の願

第十九願

設《せつ》我《が》得《とく》佛《ぶつ》、
十《じっ》方《ぽう》衆《しゅ》生《じょう》、
發《ほつ》菩《ぼ》提《だい》心《しん》、修《しゅ》諸《しょ》功《く》德《どく》、
至《し》心《しん》發《ほつ》願《がん》、欲《よく》生《しょう》我《が》國《こく》。
臨《りん》壽《じゅ》終《じゅう》時《じ》、

たとい我《われ》、仏を得んに、
十方衆生、
菩提心《ぼだいしん》を発《おこ》し、もろもろの功徳《くどく》を修して、
心を至し願を発《おこ》して我が国に生まれんと欲《おも》わん。
寿《いのち》終わる時に臨《のぞ》んで、

假令《けりょう》不與《ふよ》大衆《だいしゅ》圍繞《いにょう》、
現其人前者《げんごにんぜんしゃ》、
不取正覺《ふしゅしょうがく》。

たとい大衆《だいしゅ》と囲繞《いにょう》して
その人の前に現ぜずんば、
正覚を取らじ。

現代語訳

もし、わたしが仏になれるとしても、十方の衆生がさとりを求める心を発《おこ》し、さまざまな功徳を修めて、まことの心で願いを発して、わたしの国に生まれたいと欲《おも》うなら、その人が命終えようとするときに、わたしが多くの菩薩、聖者たちとともにその人の前に現れましょう。そうでなければ、わたしは誓ってさとりを開きません。

自分を絶対視し、他を攻撃するような
私の闇を問う願

真面目であることは大事なことです。一生懸命に生きることも大切なことです。しかし自分を顧《かえり》みることのない真面目さと一生懸命さは時には悲劇をもたらします。そういう人間の問題を提起したいと思います。

第十九願を親鸞聖人は「至心発願《ししんほつがん》の願」と名づけ、この願文を受けとめる主体を「邪定聚《じゃじょうじゅ》の機」と表しました。「機」とは仏法《ぶっぽう》との関係で人間を捉える言葉です。仏法に真向かいになっているものは「正定聚《しょうじょうじゅ》の機」（第十八願）。仏法に逆らっているものは「邪定聚《じゃじょうじゅ》の機」（第十九願）。仏法に学ぶ立ち位置がはっきりしていないものは「不定聚《ふじょうじゅ》の機」（第二十願）。このように親鸞聖人は仏法に対する機（主体）のあり方を三願に即して説いています。

この捉え方の中心が、この三願に共通して説かれている「欲生《よくしょう》我国《がこく》（我が国に生まれんと欲《おも》うて）」です。親鸞聖人は「『欲生《よくしょう》』と言うは、すなわちこれ如来《にょらい》、諸有《しょう》の群生《ぐんじょう》を招喚《しょうかん》したまうの勅命《ちょくめい》なり」（『教行信証』信巻）と、「欲生我国」を如来の呼びかけと受けとめました。その如来の呼び声、念仏を私はどう受けとめるのかが問われています。その呼びかけに「しかり」と「彼の国」を願って生きる主体が「正定聚の機」です。

それに対して、その呼びかけに背を向けて、聞くことも見ることも心開くこともしない、むしろ「私と私の世界」を絶対化するあり方が「邪定聚の機」です。それが第十九願の問題です。

しかし、十方衆生《じっぽうしゅじょう》に善根《ぜんごん》功徳を求める願文がなぜ「邪定聚の機」なのでしょうか。「邪」とは〝よこしま〟です。正しくない、道理《どうり》に外れていることです。なぜ菩提心《ぼだいしん》を発《おこ》す高邁《こうまい》な心を「邪」とおさえているのでしょうか。それは自己を顧みることのない生き方、あり方だからです。

その高邁な一生懸命さが人間と世界の全体ではなくて、半分しか見ていないからです。童謡詩人金子みすゞさんは「朝焼小焼だ／大漁だ／大羽鰮《おおばいわし》の／大漁だ。／浜は祭りの／ようだけど／海のなかでは／何萬《まん》の／鰮のとむらい／するだろう。」（金子みすゞ「大漁」）と人間の自己中心性を歌いました。それは真面目で懸命さの中にある邪険性です。

昨年末に、俳優の故・菅原文太《すがわらぶんた》さんの妻・菅原文子《ふみこ》さんは、夫の一周忌にあたり、沖縄の辺野古《へのこ》、そして暴力が連鎖する世界の動向を悲しみ、『琉球新報《りゅうきゅう》』に「私たちには、世界の半分しか見えていない。半分は明るく、半分は暗い半月を見るようだ。欠けた半月の暗闇に生きる人々の声が伝わらない限り、（中略）半月の片側にだけ花束を捧げることはできない」と投稿しています。

まことに半分しか見ていない真面目さはいくら熱心な生き方であってもそれは根本的にはエゴイズムです。自分たちを攻撃する世界に対して、自分たちにこそ普遍的な価値があると称して、相手を攻撃し多くの人命を奪う、なんと自分勝手な生き方でしょう。そういう人間の問題を抉《えぐ》り出しているのが、第十九願を「邪定聚の機」と捉える視点です。

すなわち、私たちは阿弥陀から「我が国に欲生せよ」と呼びかけられているにもかかわらず、「私と私の世界」に固執して自分の価値観を「普遍的価値あるもの」と決めつけて、あたかもテロに対する報復を正当化するような私たちの闇を第十九願は象徴しています。しかしそれはそのまま自己絶対化を問いなおし、阿弥陀の呼びかけに生きよとのメッセージでもあります。まさにそれこそが、第十九願を真実の世界に私たちを誘い引き寄せるための「方便《ほうべん》の願」であると言い当てる所以《ゆえん》です。

第二十願　至心回向《ししんえこう》の願

第二十願

設《せつ》我《が》得佛《とくぶつ》、
十方衆生《じっぽうしゅじょう》、
聞《もん》我《が》名號《みょうごう》、係念《けねん》我國《がこく》、
植諸徳本《じきしょとくほん》、至心回向《ししんえこう》、
欲生《よくしょう》我國《がこく》、不果遂者《ふかすいしゃ》、
不取正覺《ふしゅしょうがく》。

たとい我《われ》、仏を得んに、
十方の衆生、
我《わ》が名号《みょうごう》を聞きて、念を我《わ》が国に係《か》けて、
もろもろの徳本《とくほん》を植《う》えて、心を至し回向《えこう》して
我が国に生まれんと欲《おも》わんに、果遂《かすい》せずんば、
正覚を取らじ。

現代語訳

もし、わたしが仏になれるとしても、十方の衆生がすべての人を救いたいというわたしの願いをあらわしているわたしの名を聞いて、わたしの国に思いをかけて、さまざまな功徳を積んで、まことの心からその功徳をもって、わたしの国に生まれたいと欲《おも》いなさい。その願いが果たし遂げることができないようなら、わたしは誓ってさとりを開きません。

真実に目覚めさせないではおれない如来の大悲の心

２０１５年12月20日、沖縄・辺野古の新基地建設反対運動の拠点となっているキャンプシュワブ前のテント村に行って来ました。「戦わぬためにオバアは闘う」（横田チヨ子さん）という熱気に満ちた人たちとの出遇いでした。さらに12月24日は、福井高浜原発再稼働を差し止めた仮処分判決（２０１５年４月）を、一転して取り消す判決がなされた福井地裁前に行きました。この二つは、いずれも経済優先の論理に立って、生命を蔑ろにする問題です。このような国家、企業のエゴイズムを黙過《もっか》することは、私自身のエゴイズムにも無頓着であると考えて、微力ながら反対の声をあげてきました。

第二十願「至心回向《ししんえこう》の願」の本願文について親鸞聖人は、人間の根本的なエゴイズムに向き合う願文であると受けとめていると私は思います。

思うに、仏教の学びは人間の問題を世間の「ものさし」で考えるのではなく、仏法から考えることです。その際に、人間を仏法との関係で捉える場合に仏教では「機」という言葉を使います。そういう関係で、第十八願、第十九願、第二十願を「機《き》の三願《さんがん》」と言います。その「機の三願」において仏さまが「十方衆生」に「我が国に生まれんと欲《おも》え」と呼びかけます。その呼びかけに「十方衆生」がどのように向き合うのか。それぞれの在り方をとおして、私とは何者かが問われています。まさに人間の自覚を明らかにする本願文が「機の三願」です。

特に、第二十願に表されている在り方は「不定聚《ふじょうじゅ》の機」といわれているように、仏さまの呼びかけにふれながらも、その呼びかけに身が決定しない姿です。第十九願は、仏さまの呼びかけに背を向けて自分の力を信じる在り方です。それに対してこの第二十願は、願文冒頭に「十方の衆生、我《わ》が名号《みょうごう》を聞きて、念を我が国に係《か》けて」とあり、まず「仏の名号」から始まっています。しかし問題はその名号を我が身に「植えて」いくと願文が記すように、阿弥陀の「名号を聞き」ながらも、その「本願の嘉号《かごう》をもって己が善根《ぜんこん》」（『教行信証』化身土巻）として自己絶対化を図ろうとする、その根本的な錯誤です。

それは十方衆生を救う如来の広大な心を、人間の狭い心で縛り閉ざすことです。これは私の根源的なエゴイズムの問題です。念仏が私に届かないのは、如来の側の問題ではなく、念仏を自分の善根功徳に取り込む我執（根源的なエゴイズム）の問題です。それは自己絶対化を問うこともなく、それを当たり前にしている私の問題です。そして、それがそのまま平和を閉ざして暴力の連鎖から自由になれない現代社会の問題でもあります。

けれどもそういう人間の愚かさにも関わらず、この本願文を「方便の願」と親鸞聖人が受け取るのは、この第二十願に、私を真実に目覚めさせないではおかない如来の大悲の心を見出すからです。それがこの本願文の末尾に「果遂《かすい》せずんば、正覚を取らじ」と結ばれた「果遂の誓い」です。すべての衆生の救いを果たし遂げようとする仏の誓いです。この言葉を衆生の現実にまで根を下ろして衆生に関わる仏の究極の願いと受け取るならば、「欲生我国」の呼びかけに照らし出された人間の我執の問題は、そういう自己を絶対化してやまないことの自覚を、「いま・ここ」で、私に求めている願文となります。

その自覚こそが、どこまでも私を照らし出している本願に目覚め、その本願を生きようとする生活を開くのです。それがまさに聖徳太子が「十七条憲法」で「我必ず（しも）聖に非ず。彼必ず（しも）愚かに非ず。共に是れ凡夫《ただひと》ならくのみ」と記すように、仏さまの教えに、我が身を相対化していく眼をいただき、浄土（平和・平等・自由の世界）への道を全ての人と共に歩む生活の始まりなのです。

◆第二十一願　具三十二相《ぐさんじゅうにそう》の願

第二十一願

設《せつ》我《が》得佛《とくぶつ》、
國中人天《こくちゅうにんでん》、
不悉成滿三十二大人相者《ふしつじょうまんさんじゅうにだいにんそうしゃ》、
不取正覺《ふしゅしょうがく》。

たとい我《われ》、仏を得んに、
国の中の人天、
ことごとく三十二大人《だいにん》の相を成満《じょうまん》せずんば、
正覚を取らじ。

現代語訳

もし、わたしが仏になれるとしても、わたしの国に生まれた人たちが、みなことごとく仏の身にそなわる三十二種類の特別な相に満たされてそなえていないようなら、わたしは誓ってさとりを開きません。

相互共存する命の誕生を明らかにする願

ブラジルは、典型的な多文化・多民族社会です。それは西欧の植民地支配を受けたこと、労働力確保のための移民政策により多くの国から人が渡来したこと、そして、それらの人々の交流により、さらに文化が多様化し、混在化して現在のブラジル社会が成り立っています。しかし、その中で、先住民族、及びアフリカンに対する差別が問題になっています。このような現実にあって、「国民とすべての居住者に法のもとの平等を保障する」（第5条）というブラジル憲法の理念のもと、人間として生きる権利と尊厳が保障される社会が願われています。

過日（2016年1月21日）、サンパウロ市主催で「宗教上の差別と闘う国民の日」（筆者訳）が開かれ、私も仏教徒として参加しました。このフォーラムには〝少数者の宗教を尊重する社会〟が、「人種」差別、民族差別、文化差別から人間を解放する社会である、との共通認識がありました。

このような差別問題について、本願文では、すでに第三願「悉皆金色《しっかいこんじき》の願」にて、肌の色で差別されることなく、一人ひとりが「悉《ことごと》く真金色《しんこんじき》」、すなわち命輝く存在となることが願われていました。この第二十一願「具三十二相《ぐさんじゅうにそう》の願」には、無差別平等の浄土に生まれるものは、だれもが「三十二大人《さんじゅうにだいにん》」の「相」を得ると説かれています。もともと、「三十二大人相」は「仏の肉身や転輪聖王の身に具えている勝れた容貌形相《ようぼうぎょうそう》のなかで、とくに顕著で見易いもの三十二種を選んで三十二相」（『仏教学辞典』法藏館）とするもので、「大人」とは菩薩を表します。だから、浄土往生人は菩薩となって三十二相の仏の徳を身に具えることになります。この「三十二大人相」の中には、「金色相《こんじきそう》」もあり、内容的には第三願「悉皆金色の願」の具体的な展開と見ることもできます。

ところで、「三十二相」とはどういうものなのでしょうか。いくつか紹介します。その一つに「手足指縵網相《しゅそくしまんもうそう》」があります。仏さまの手足の指の間には鳥の水かきのような金色の膜があり、すべての衆生を漏らさずにすくいとるはたらきを象徴しています。また「梵声相《ぼんしょうそう》」は、仏さまの清浄な声はどこまでも遠く響き渡り、聞く人に利益をもたらす相です。人生に挫折して疲れ切っている人に生きる力と勇気を与える声の響きなのでしょう。

「白毫相《びゃくごうそう》」とは眉間にある右巻きの白毛から光明《こうみょう》が放たれている相です。光明とは「智慧のかたちなり」（『唯信鈔文意《ゆいしんしょうもんい》』）とあるように、私の闇と世界の闇を照らし出す智慧のはたらきです。これらだけでも「三十二相」がそのまま大乗《だいじょう》仏教がいう「自利利他」の「相」を表していることがわかります。

仏教でいう利益《りやく》は真実に目覚めることです。物質的な利益《りえき》を得るという意味ではありません。真実に目覚める体験です。自分の損得だけを考え、自己中心の想いに振り回されているものが、真実の智慧に照らされて、生きることの意味に目覚めることです。その目覚めの体験を人にも伝えていく存在が「三十二大人相」で表されています。

つまり浄土に生まれるとは、自分一人の世界から共に生きる世界へと命の転換がなされることであり、その姿こそが浄土の人民の「三十二大人相」なのです。これは、まさしく相互共存する命の誕生を明らかにしています。民族、国籍、性差を理由に人間であることを奪われている差別的現実を破って、すべての人と共に生きる主体の回復が「具三十二相の願」として表されています。

◆第二十二願　還相回向《げんそうえこう》の願

第二十二願

設《せつ》我《が》得《とく》佛《ぶつ》、
他《た》方《ほう》佛《ぶつ》土《ど》　諸《しょ》菩《ぼ》薩《さつ》衆《しゅ》、
來《らい》生《しょう》我《が》國《こく》、
究《く》竟《きょう》必《ひっ》至《し》　一《いっ》生《しょう》補《ふ》處《しょ》。
除《じょ》其《ご》本《ほん》願《がん》自《じ》在《ざい》所《しょ》化《け》、
爲《い》衆《しゅ》生《じょう》故《こ》、被《ひ》弘《ぐ》誓《ぜい》鎧《がい》、

たとい我《われ》、仏を得んに、
他方の仏土のもろもろの菩薩衆《ぼさつしゅ》、
我が国に来生《らいしょう》して、
究竟《くきょう》して必ず一生補処《ふしょ》に至らん。
その本願の自在の所化《しょけ》、
衆生のためのゆえに、弘誓《ぐぜい》の鎧《よろい》を被《き》て、

積累《しゃくるい》徳本《とくほん》、度脱《どだつ》一切《いっさい》、
遊《ゆ》諸佛國《しょぶつこく》、修《しゅ》菩薩行《ぼさつぎょう》、
供養《くよう》十方《じっぽう》 諸佛如來《しょぶつにょらい》、
開化《かいけ》恆沙《ごうじゃ》 無量《むりょう》衆生《しゅじょう》、
使立《しりゅう》無上《むじょう》正眞《しょうしん》之道《しどう》。
超出《ちょうしゅつ》常倫《じょうりん》、諸地《しょじ》之行《しぎょう》現前《げんぜん》、
修習《しゅしゅう》普賢《ふげん》之德《しとく》。若不爾者《にゃくふにしゃ》、
不取《ふしゅ》正覺《しょうがく》。

徳本を積累《しゃくるい》し、一切を度脱《どだつ》し、
諸仏の国に遊んで、菩薩の行を修し、
十方の諸仏如来を供養し、
恒沙《ごうじゃ》無量の衆生を開化《かいけ》して、
無上正真《しょうしん》の道を立《た》てしめんをば除かん。
常倫《じょうりん》に超出し、諸地の行現前し、
普賢《ふげん》の徳を修習せん。もし爾《しか》らずんば、
正覚を取らじ。

現代語訳

もし、わたしが仏になれるとしても、他の仏がたの国の菩薩たちが、わたしの国に生まれ来たならば、必ず仏になることが約束された一生補《いっしょうふ》処《しょ》の位に至らしめたい。ただし、その菩薩の願により、人々を自在に教《きょう》化《け》したいとする本願があり、その衆生のために、堅固な決意をもって本願を身に呈して、多くの功徳を積み、すべてのものを救い、さまざまな仏がたの国で執《とら》われなく動き、菩薩の行を修行して、すべての仏がたを供養して、ガンジス川の砂の数ほどの限りのない人々を教え導いて、この上ないさとりの道を求める心を得させようとする者は除きます。この菩薩たちは、通常、菩薩が行ずる段階を超え出て、それら菩薩のすべての段階を一挙に実現し、普賢《ふげん》菩薩のように限りのない慈悲行を実践するのです。そうでなければ、わたしは誓ってさとりを開きません。

煩悩の底に身を埋め衆生と共に生きたいとする菩薩の願

5月3日は日本国憲法が施行された日です。戦前の憲法は国家が国民を縛っていました。現在の憲法は国民主権、基本的人権の尊重、そして平和主義を掲げて、この根本理念を国家はどこまでも護らなければならない義務があると、国家に縛りをかけています。それは国家の命令により尊い命が奪われ、多くの戦争犠牲者を出した、その歴史による「血」と「涙」の結晶です。戦争は究極の人権侵害です。その戦争を永遠に放棄することを誓うのが日本国憲法です。これは十方衆生の救済を願う阿弥陀の本願に呼応しています。特に、憲法第9条は大乗仏教の精神を彷彿《ほうふつ》させるものです。それが蔑ろにされつつあるのが現在の日本です。あらためて阿弥陀の本願があらわす大乗の精神に学ぶ「時」です。それでは大乗の精神は私たちが学ぶ本願文にはどのように表れているでしょうか。もともと、阿弥陀の本願は苦しみと悩みに生きる全ての衆生の救いを根本とします。ですから、阿弥陀の本願の全てが大乗の精神のあらわれです。

問題なのは、その阿弥陀仏の大悲を受けたものが、どう大乗の精神を生きるかです。それが明らかにならないと、本願の仏道が大乗の仏教にはなりません。阿弥陀仏が大乗の心であることはいうまでもないことです。問題はその阿弥陀仏により願われているものの在り方です。それが明らかにならないと阿弥陀仏の心は衆生の上に実現しないことになります。

戦争、テロ、原発事故、そして原発の再稼働、格差社会、さまざまな問題が渦巻く中で、それらの問題を遠ざけて心休まることが真宗の教えでしょうか。言い換えれば、阿弥陀の本願に救われるとは、自分一人が安心立命することでしょうか。それでは大乗の仏教とはいえません。この問題に応えているのが第二十二願「還相回向《げんそうえこう》の願」です。

阿弥陀仏の大悲に目覚めたものが、仏の大悲を背に受けて、浄土にとどまることなく、菩薩となり衆生の悲しみと苦しみの現場、娑婆世界に生まれ出ることが願われています。本願文では、煩悩の底に身を埋めて衆生と共に生きたいとする菩薩の願として表されています。それが願文に示された「除其本願《じょごほんがん》（その本願をば除く）」以下の言葉です。まさしく阿弥陀の本願の中に現れた衆生の本願です。仏の大悲により仏の本願に目覚めた衆生が、つまり菩薩が同じく仏の本願により仏の本願を生きるものとなることです。

ところで、親鸞聖人は仏さまの本願に目覚めた信心の人は現生《げんしょう》に正定聚に住するといいます。正定聚とは不退転地《ふたいてんじ》とも表します。退転しないということは仏道から退かないことです。仏道とは「私も他の人も共に救われる」世界を求める生活です。自己と世界の現実に真向かいになり、自己と世界（他者）の苦しみと悲しみを知り、その解放を求めて、どこまでも歩み続ける生活です。だから、不退転とは、問題いっぱいの人間の現実を見捨てないことです。それらの人と共に生きていく生活から退転しないことです。それが親鸞聖人のあらわす信心の人です。

その意味からすれば、信心の人、正定聚の人は、煩悩を生きる身でありながら阿弥陀の本願のはたらき（回向《えこう》）に目覚めて、全ての人と「共に生きる」課題をいただく人です。和田稠《しげし》先生（真宗大谷派僧侶）は「救われるとはご用をたまわることです」（『真宗門徒』東本願寺出版）といわれました。

私の「ご用」とは何でしょうか。それこそがこの第二十二願の「除其本願（其の本願をば除かん）」以下の言葉に現れています。すなわち、他者の悲しみと苦しみを見捨てないで、衆生と共に歩まんとすることです。本願の呼びかけを自分の問題として生きることです。つまり「ご用」とは戦争と差別と抑圧の充満する世界において、その現実を看過しないで、全ての人と共に自由・平等・平和を求めて生きようとすることです。

そのような「人」を生み出す根源が「浄土（願土）」です。私にできるとかできないという問題ではなく、与えられた大乗の精神を「いま・ここ」で課題としていただくことです。しかも、大切なことは、それらが全て如来との関わり、つまり、如来のはたらき、如来の回向によりささえられているということです。だから内容としては如来のはたらきに応えきれない慚愧と、それにも関らずに、私を摑んではなさない如来のはたらきへの感謝です。

そういう生活を表現して親鸞聖人は、「小慈《しょうじ》小悲もなき身にて／有情利益はおもうまじ／如来の願船いまさずは／苦海をいかでかわたるべき」（『愚禿悲歎述懐和讃』）と確認し、「如来大悲の恩徳は／身を粉《こ》にしても奉ずべし／師主《ししゅ》知識の恩徳も／ほねをくだきても謝すべし」（『正像末和讃』）と「私の事」として詠っています。

このように第二十二願は、阿弥陀の本願の国に生まれたものが、その本願との関わりの中で、その本国にとどまらないで、十方衆生が生きる苦悩の現実に関わる主体の誕生について、阿弥陀の本願の中に「其の本願をば除く」と、衆生（菩薩）の本願を設けて、阿弥陀の本願に目覚めたものの生き様、それを「ご用」といってもいいかと思います。そういう「ご用」を明らかにする願文として、親鸞聖人は第二十二願を「還相回向の願」と名づけています。

◆第二十三願　供養諸仏《くようしょぶつ》の願
◆第二十四願　供養如意《くようにょい》の願

第二十三願

設我得佛《せつがとくぶつ》、
國中菩薩《こくちゅぼさつ》、
承《じょう》佛神力《ぶつじんりき》、
供養諸佛《くようしょぶつ》、
一食之頃《いちじきしきょう》、不能偏至《ふのうへんし》
無數無量那由他《むしゅむりょうなゆた》

たとい我《われ》、仏を得んに、
国の中の菩薩《ぼさつ》、
仏の神力《じんりき》を承《う》けて、
諸仏を供養《くよう》し、
一食《いちじき》の頃《あいだ》に遍《あまね》く
無数無量那由他《むしゅむりょうなゆた》の

諸佛國者《しょぶつこくしゃ》、
不取正覺《ふしゅしょうがく》。

諸仏の国に至ること能《あた》わずんば、
正覚を取らじ。

現代語訳

もし、わたしが仏になれるとしても、わたしの国の菩薩が、仏の不可思議な力を受けて、さまざまな仏がたを供養するにあたり、わずかな時間に数限りのないさまざまな仏がたの国にいたることができないようなら、わたしは誓ってさとりを開きません。

第二十四願

設《せつ》我《が》得《とく》佛《ぶつ》、
國《こく》中《ちゅ》菩《ぼ》薩《さつ》、
在《ざい》諸《しょ》佛《ぶつ》前《ぜん》、
現《げん》其《ご》徳《とく》本《ほん》、
諸《しょ》所《しょ》欲《よく》求《ぐ》　供《く》養《よう》之《し》具《ぐ》、
若《にゃく》不《ふ》如《にょ》意《い》者《しゃ》、
不《ふ》取《しゅ》正《しょう》覺《がく》。

たとい我《われ》、仏を得んに、
国の中の菩薩《ぼさつ》、
諸仏の前《みまえ》にありて、
その徳本《とくほん》を現じ、
もろもろの欲求《よくぐ》せんところの供養《くよう》の具、
もし意《こころ》のごとくならずんば、
正覚を取らじ。

現代語訳

もし、わたしが仏になれるとしても、わたしの国の菩薩が、さまざまな仏のもとで功徳を積むにあたり、その菩薩が求めるところのさまざまな供養の品が、もし思いのままに得られないようなら、わたしは誓ってさとりを開きません。

歴史の底に流れる本願の叫びを聞き取り、それに応じる歩みが開かれる

第二十三願「供養諸仏《くようしょぶつ》の願《がん》」、第二十四願「供養如意《にょい》の願」は共に「諸仏」に対する「供養」が問題になっています。しかもそれぞれに「仏の神力を承《う》けて」、「諸仏の前《みまえ》にありて」とあるように、諸仏を供養するとは、迷っている人間が諸仏（私を目覚めさせる有縁《うえん》の人々や物事）に関わるようなことではなく、仏（目覚めた主体）の力により成り立つ事柄です。従って、その諸仏への供養とは私の自己中心的な思いを超えた、いかなる人にもはたらいている、真実に遇《あ》いたい、真実を生きたいという欲求に応じる大きな願い（仏力）に支えられています。

ところで、諸仏とはより具体的に言えばどういう存在なのでしょうか。私たちは

諸仏を私の外側にいる客体的存在として考えがちですが、諸仏とは私を目覚めさせる有縁のはたらきです。私に「自己と世界」の真実を知らせるご縁なのです。『歎異抄』前序には「有縁の知識」とあります。どこまでも私に縁のある知識です。世間の権威ではありません。そのような諸仏との出遇いの感動が「供養」の形をとるのです。善導大師《ぜんどうだいし》により提起された往生浄土《おうじょうじょうど》の行として「五正行《ごしょうぎょう》」があります。その一つは「讃嘆供養正行《さんだんくようしょうぎょう》」です。ここでは讃嘆と供養を切り離していません。讃嘆のない供養は精神のない儀式です。また供養のない讃嘆は口先だけの褒め言葉です。現実性のない美辞麗句です。

特に問題なのは讃嘆のない供養。つまり仏さまの教えによる目覚め体験もないままに、供養の形だけを取りこんで、仏さまの教えを離れた人間的な自己関心の中で「供養」が行われることです。そのような先祖供養、水子《みずこ》供養などです。法事・法要もまた、そうした自分の都合による人間的な関心の中で行われることがあります。そのことが供養を歪めていくことになります。私の義兄は動脈瘤《どうみゃくりゅう》破裂で家族に痛みを訴えて5時間後に命終えました。葬儀を終えたあと、近所の方が、早々と私の姉に、先祖供養をしていないから祟《たた》ったのだといったそうです。

一体全体、供養とは何でしょうか。

もともと供養とは、「食物や衣服を仏法僧《ぶっぽうそう》の三宝《さんぽう》に供給する」という意味で、亡き人から祟られないためにすることではありません。それなのに供養が、祟りと災いから身を守り、自分の欲望を満たす手段になっていることが問題です。

この二つの願文から言えば、供養は仏さまの大いなる世界をいただいた、真実に目覚めたものの行為です。自分の都合に合わせてする行為ではありません。むしろ、供養とはいかなる国のいかなる人の根底にも、仏さまの悲願がうごめいていることを知り、それら私に先立って命終えられた人々を「諸仏」として尊敬する「眼」を与えられたことの表現です。それは常日頃から自己中心的に生きている私が、自他平等の命を現す仏さまの呼びかけ（念仏）に、ハッと自分の狭い了見《りょうけん》を問い直されることです。そのことへの感動が供養の形をとるのです。つまり、諸仏を供養するとは、全く新しい世界観への参加なのです。

私の先輩は「供養とは亡き人の全生涯に頭がさがることです」（久保山教善《くぼやまきょうぜん》『極楽村壁新聞四十八選』海鳥社）と教えてくださいました。それは自分に先立って生き、そして死んでいかれた方の全生涯に学び、疎《おろそ》かにしないことです。安全保障関連法（戦争法）が現実化したいま、あらためて、そのことの大切さを思います。それは戦争で命奪われた人々の存在に何を学ぶのか。全てのものが戦死者から「私と私の世界」の真実を聞きとることが求められているのです。

それは戦死者が生きた戦争の歴史、平和の歴史、その歴史の過ちと正しさを戦死者の全生涯に、頭《こうべ》を垂れて、その生涯の歴史の底に流れる本願の叫びを聞き取ることです。そういう歩みが私の上に開かれることが「諸仏を供養」する形です。

第二十五願　説《せつ》一切智《いっさいち》の願

第二十五願

設《せつ》我《が》得《とく》佛《ぶつ》、
國《こく》中《ちゅ》菩薩《ぼさつ》、
不《ふ》能《のう》演說《えんぜつ》　一切《いっさい》智《ち》者《しゃ》、
不《ふ》取《しゅ》正覺《しょうがく》。

たとい我《われ》、仏を得んに、
国の中の菩薩《ぼさつ》、
一切の智《ち》を演説すること能《あた》わずんば、
正覚を取らじ。

現代語訳

もし、わたしが仏になれるとしても、わたしの国の菩薩が、あらゆる物事についての真理を知る智慧により、自由自在に説法することができないようなら、わたしは誓ってさとりを開きません。

仏教の教えを受けて
社会に関わるものの在り方を問う願

第二十五願「説一切智《せついっさいち》の願」に説かれる「一切智を演説すること能《あた》わずんば」という言葉遣いは難しい言い方です。サンスクリット本の和訳には「かの仏国土に生まれるであろう生ける者どもが皆、〈一切を知る智〉（＝仏の智）をともなった法話を話し得ないようであったら」（岩波文庫『浄土三部経』上）とあります。このように理解するならば、ここでは仏法を語る前提として「一切智」を具えることが願われています。

それではなぜ阿弥陀仏は「浄土の菩薩」が「一切智を具え」て、「一切智を演説すること」を願うのでしょうか。それは先の第二十二願との深い関わりがあります。「浄土の菩薩」とは浄土にとどまらないで、「生死《しょうじ》・勤苦《ごんぐ》」（迷いと苦しみ）に喘ぐ衆生の現実、つまり穢土にあえて生きることを決意する菩薩です。阿弥陀仏はその菩薩が仏の智慧を具えて、真実の言葉により苦悩する衆生に関わることを願うからです。

私は、この原稿を熊本に集中している大地震の最中に書いていています（2016年4月）。南米エクアドルでも同時期に震度7.8の地震が起こり、現在（4月23日）、死者は600人以上、負傷者は15、000人を超える被害が出ています。こういう状況においては、どこの国でも生命救援が最大課題です。経済優先であってはならない。それが人類の叡智《えいち》です。

しかし現実は経済優先の中で、人類の叡智はボロボロです。日本も例外ではありません。この4月に来日したウルグアイのホセ・ムヒカ前大統領は「日本人は本当に幸せですか」と問い、「人類がこれほど大きな力をもったことはなかった。

膨大な軍事費を使いながら、これを止めることができない。海の汚染を知りながら、なすすべがない。なんと恥ずべきことか。多くのものを浪費しながら、大切なことに目を向けてこなかった」（4月7日東京外国語大学講演）と、本当に大切なものを蔑ろにしてきた人類の愚行を語りました。

また日本では、地震の渦中《かちゅう》にある鹿児島県川内原発を停止しないで稼働させている現実に、経済優先、政治権益中心の日本の問題が現れています。あらためて仏さまの「一切智」から照らし出される人間の愚《おろ》かさと歪《ゆが》みの自覚が求められています。

まことに仏さまの一切智により、「自己と世界」を知ることがないかぎり、石川啄木が「人といふ人のこころに一人づつ囚人がいてうめくかなしさ」（『一握の砂』）と歌ったように、「我が心、自身に貪著《とんじゃく》する」（『浄土論』）心から私たちは解放されません。だからこそ、人類の歴史の底に流れる根源的な願いに立ち返り、執着心に弄《もてあそ》ばれている我が身に気づく、仏さまの「一切智」からの真実の言葉が願われるのです。

この願文では、阿弥陀仏は「浄土の菩薩」に仏さまの真実の智慧を具え、演説するものたらんと願いをかけています。それは、浄土の願いにふれたものが、「まことであるものを、まことであると知り、まことでないものを、まことでないと見」（『ダンマパダ』）る仏さまの「一切智」により、あらためて衆生の現実を正しく認識し、「自己と世界」に苦悩する衆生に関わるものであることを願うのです。

仏教の根本は智慧と慈悲《じひ》です。智慧のない慈悲は一方通行的な思いやりの押し付けです。また慈悲として展開しない智慧は世界に心向けることなく、内側に自分の心を閉じ込めて世界と隔絶する「冷たい悟《さと》り」（中島みゆき『友情』）です。願文にいう「一切智」とは慈悲として開かれていく根本の智慧です。

現実問題としていえば、阿弥陀仏が願う「説一切智の願」により、あらためて、仏教の教えを受けて社会に関わるものの在り方（姿勢）が問われています。相互共存する命に在って、「汝《なんじ》！　何者として共なる命を生きるや」と。

◆第二十六願　那羅延身《ならえんしん》の願

第二十六願

設《せつ》我《が》得佛《とくぶつ》、
國中菩薩《こくちゅぼさつ》、
不得金剛那羅延身者《ふとくこんごうならえんしんしゃ》、
不取正覺《ふしゅしょうがく》。

たとい我《われ》、仏を得んに、
国の中の菩薩《ぼさつ》、
金剛那羅延《こんごうならえん》の身を得ずんば、
正覚を取らじ。

現代語訳

もし、わたしが仏になれるとしても、わたしの国の菩薩が、那羅延身《ならえんしん》と呼ばれる金剛堅固《こんごうけんご》な身体を得られないようなら、わたしは誓ってさとりを開きません。

自らの「弱さ」を知り、「弱さ」を生きる人々と共に生きる「強さ」を願う

第二十六願「那羅延身《ならえんしん》の願」には、「金剛那羅延身」とありますが、日常生活ではまず聞かない言葉です。金剛は「堅固《けんご》さ」を意味し、那羅延は「大力を有する神」の意味です。平たく言えば、「堅固で強く勝れた存在」を指します。

なぜこのような「金剛那羅延身」を「浄土の菩薩」に願うのでしょうか。文脈からいえば、第二十二願に誓われた「開化衆生《かいけしゅじょう》」（衆生の救い）のためです。願文が説く衆生とは、地獄・餓鬼・畜生を生きるものです。この苦悩する衆生の救済を課題にするものが菩薩です。その菩薩が「金剛那羅延身」を得ることにより、何ものにも破壊されない堅固な強さをもって、自らの課題を果たすのです。一般

的に言えば、我が身を滅ぼすもの、つまり「敵」に打ち勝つ「強さ」です。しかし、敵とは何でしょうか。強さとは何でしょうか。

かつて南アフリカ共和国はアパルトヘイト（人種隔離政策）が国是《こくぜ》でした。その頃（１９７０年代）の黒人解放運動を描いた映画『遠い夜明け』の中に、私の記憶に残る場面があります。

当時、黒人解放運動が広がるのを恐れた政府は民衆が徒党を組むのを禁止していました。解放を願う人たちはサッカー競技を観戦するふりをして集会を開いていました。映画では競技場で黒人解放活動家のビコが演説する場面があります。

そこでビコは「私たちの敵は白人ではない。黒い肌の色を見下げる意識が私たちの敵だ。その意識は白人だけではない。私たち黒人自身も自分の肌の色を卑下している。その意識から解放されなければ私たちの真の解放はない」（取意）と叫びます。私はその場面で体に電流が走りました。やがてビコは拷問の結果、脊椎損傷で死にます。

もちろん、私は世の中の問題の所在を個人の問題に矮小化して、世の中の矛盾・不正・歪みはすべて私の問題だと言いたいのではありません。あやまりはあやまりとはっきりと正すべきです。ただそのあやまりはまた自分の中にもあると認めることの大切さを言いたいのです。つまり、強さとは自分の弱さに向き合う強さです。

小説家の高橋和巳さんは命終の直前に政治的発想と文学的発想（私はこれを宗教的発想と読み替えます）について、「自己を潔白なものとして人を糾弾するのは政治的態度であり、世の中のにごり、矛盾は自分の精神の中にもあるというふうな態度からものを考えるのが文学である」（『文学講座』河出書房新社）と語っています。このような考えに学んで、私は「金剛那羅延身」とはいかなる外敵にも破壊されない物理的な「強さ」ではなく、むしろ人間の持つ根本的な「弱さ」

を抱きしめる「強さ」だと思います。だからこそ、阿弥陀仏は「浄土の菩薩」に自らの「弱さ」を知り、同じく「弱さ」を生きる人々と共に生きる「強さ」を「金剛那羅延の身」と願ったのです。

ところで、8月は戦争を記憶する大切な月です。戦争とは究極の差別であり、人権侵害です。その歴史が「日中戦争」における日本軍の実態であり、アメリカの広島・長崎への原爆投下です。この歴史に満腔の思いで「否」を叫んでいるのが私は「日本国憲法」第9条だと思います。

本当の「強さ」とは武器弾薬で武装することではない。全ての命を愛し、慈しみ、抱きしめる阿弥陀の心に応じて、武器弾薬を放擲《ほうてき》する生き方ではないでしょうか。まさに「金剛那羅延身」とは阿弥陀の本願をこの娑婆世界の只中で生きることを阿弥陀仏自身が「浄土の菩薩」に願うのです。

◆第二十七願　所須厳浄《しょしゅごんじょう》の願

第二十七願

設《せつ》我《が》得《とく》佛《ぶつ》、
國《こく》中《ちゅう》人《にん》天《でん》、
一切《いっさい》万物《まんもつ》、嚴《ごん》浄《じょう》光《こう》麗《れい》、
形《ぎょう》色《しき》殊《しゅ》特《どく》。
窮《ぐ》微《み》極《ごく》妙《みょう》、無《む》能《のう》稱《しょう》量《りょう》。

たとい我《われ》、仏を得んに、
国の中の人天《にんでん》、
一切万物《まんもつ》厳浄《ごんじょう》光麗《こうれい》にして、
形色殊特《ぎょうしきしゅどく》ならん。
窮微極妙《ぐみごくみょう》にして、能《よ》く称量《しょうりょう》することなけん。

其《ご》諸《しょ》衆生《しゅじょう》、乃至《ないし》逮得《たいとく》天眼《てんげん》。
有《う》能《のう》明了《みょうりょう》　辯《べん》其《ご》名數《みょうしゅ》者《しゃ》、
不《ふ》取《しゅ》正覺《しょうがく》。

そのもろもろの衆生、乃至《ないし》天眼《てんげん》を逮得《たいとく》せん。
能《よ》く明了《みょうりょう》にその名数《みょうしゅ》を弁《わきま》うることあらば、
正覚を取らじ。

現代語訳

もし、わたしが仏になれるとしても、わたしの国に生まれた人たちの用いるすべてのものが、清らかで光りかがやき、形や色もことにすぐれ、精緻にして微妙なことは、とうてい他のものと比べることができません。かりに多くの人々があらゆるものを見通す眼を得て、そのありさまを明らかに知り尽くすことができるようなら、わたしは誓ってさとりを開きません。

本願に目覚め
軍も原発も無用の世界をわが願いとして生きる

第二十七願は「所須厳浄《しょしゅごんじょう》の願」（万物厳浄《まんもつごんじょう》の願）と呼ばれています。この願文は、浄土の「人天《にんでん》」が用いるものの全ては、「厳浄光麗《ごんじょうこうれい》」（厳《おごそ》かに浄《きよ》らかで麗《うるわ》しく光り輝き）にして、「形色殊特《ぎょうしきしゅどく》」（形も色もくらべるものがないほど）であり、「窮微極妙《ぐみごくみょう》」（極まりない妙なる美しさ）です。それにも関わらずに、その浄土の功徳を、もし人々が「称量《しょうりょう》」することが（はかること）できたり、「名数《みょうしゅ》を弁《わきま》うること」（名前をつけて数えたりすること）ができるならば、私は正覚を取らないと誓われています。

それではなぜこのように言葉を尽くして「国土人天」が用いるものの「厳浄光

麗」、つまり光り輝く浄らかさが願われているのでしょうか。

　この問題を考える手がかりに、大ヒットしたアニメ映画『アナと雪の女王』を挙げたいと思います。この映画を大スクリーンで見ていた時、突然、場内の子どもたちが「雪の女王」が歌う「Let It Go～ありのままで～」を大合唱したのには驚きました。私の日常語から影を薄くしていた「ありのまま」という言葉に、ふっと眼が覚めるようでした。

　それはともかく、「雪の女王」はこの曲を歌いながら雪山を登り、全てを凍てつかせて氷にしてしまいます。彼女の手で作り出される世界は、城も橋も階段もホールも全てが氷で凍てつく世界です。誰もそこに入り込めません。彼女だけの世界です。自分の特異な体質に傷ついた「雪の女王」の内面が凍てつく氷として表現されているのでしょう。

　この場面をとおして、一つは世界を凍てつかせる主体と凍てつく世界、他方は世界を光り輝かせる主体とその世界。その違いから「国土人天」に何が願われているのかを考えてみると、その願いこそが浄土の功徳にふれたものが生みだす命輝く新しい世界への展開であることがわかります。浄土、すなわち阿弥陀仏の本願の世界に出遇うことにより、「我が身一人を自己として、我が身一つを世界として」心閉ざしていたものが、自分の生きる根拠と方向を知り、自己中心的な世界観から解放され、全てのものが光り輝く世界に開かれていくのです。

「雪の女王」は妹・アナたちのサポートにより自分の特異体質をありのままに受けとめて凍てつく世界から外に出ます。いま私たちに問われていることは、私たちの自己中心的な思いがその用いる世界を「凍てつく氷の世界」にしてはいないかということです。私たちは人類と共存できない核を用いる原発の過酷事故で、いまも被曝状況の中にあります。映画『わすれない　ふくしま』では、未来を奪われた酪農家が牧舎の壁に「原発さえなければ」と書いて自死した映像が流れます。これは人間が「用いる」ことのできない原発というものを「用いた」ことのあやまりを、私たちに「凍てつく氷の世界」として教えています。

『仏説無量寿経』に「仏の歩む国や村や町に集う人々は、仏の教化にあずからないものはない。人の世は平和となり、（中略）国は豊かで、民衆は安らかに生活し、兵隊も武器も必要でなくなる」（意訳）と、阿弥陀の本願を説く仏の教化を受ける世界が表されています。

まさしく願文に説く「国土人天」が用いるもの全てが「厳浄光麗」であれかしとは、現実的に言えば、阿弥陀の本願のはたらきに目覚めて、「兵戈《ひょうが》（兵隊と武器）無用《むよう》」の世界を、そして、原発無用の世界を、私たち一人ひとりが願いとして生きることです。それが第二十七願の今日的な意味ではないでしょうか。

◆第二十八願

道場樹《どうじょうじゅ》の願

第二十八願

設我得佛、
國中《こくちゅ》菩薩《ぼさつ》、
乃至《ないし》少《しょう》功徳者《くどくしゃ》、
不能知見《ふのうちけん》　其《ご》道場樹《どうじょうじゅ》
無量《むりょう》光色《こうしき》、

たとい我《われ》、仏を得んに、
国の中の菩薩《ぼさつ》、
乃至《ないし》少《しょう》功徳《くどく》の者、
その道場樹《どうじょうじゅ》の
無量の光色《こうしき》あって、

高《こう》四《し》百万《ひゃくまん》里《り》者《しゃ》、
不《ふ》取《しゅ》正覺《しょうがく》。

高さ四百万里なるを知見すること能《あた》わずんば、
正覚を取らじ。

現代語訳

もし、わたしが仏になれるとしても、わたしの国の菩薩や、さらには功徳の少ないものにまでも、わたしの国の菩提樹が限りのない光でかがやき、それが四百万里の高さであることを知見することができないようなら、わたしは誓ってさとりを開きません。

泥沼の現実を捨てず、自分を問う場所に我が身を置き続ける

本当に安住できる世界もなく、日々空《むな》しく流転《るてん》し、胸掻《か》きむしる思いで居場所を求めている。そんな人に歩む方向が示されることは大きな喜びです。第二十八願「道場樹《どうじょうじゅ》の願」は、いわばそのような求道者に歩む方向と場所を指し示しています。

今年の春（2017年）、私は仕事でパラグアイのイグアス村に行く機会がありました。そこで夜空に輝く南十字星を初めて見ました。おそらくは日本からの移民の人たちも、厳しい農作業の中で天空に輝く南十字星に、故郷の方向を見定め、生きる力を得てきたことでしょう。

この本願文での道標《みちしるべ》は星座ではなく、高さ四百万里の巨大な道場樹です。道場樹とは釈迦がその樹の下で成道《じょうどう》（さとりを開くこと）した菩提樹に由来します。インドのブッダガヤには、釈迦がさとりを得た場所に菩提樹が繁り、そこでは「触地印《そくちいん》」を結ぶ釈迦像を見ることができます。触地印とは釈迦の右指が大地に触れている相です。命あるもの全てを支えている「大地」に触れるとは、それはまさしく大地に象徴される相互共存する命に目覚めることです。

それが菩提樹下のさとりであれば、道場樹の名を掲げて願う心もまたすべての人の救いです。だからこそ、阿弥陀の本願に背を向けて、煩悩の身を顧《かえり》みることもなく、「菩提心《ぼだいしん》を発《おこ》し、もろもろの功徳を修して」（第十九願）と言われるように、「私と私の世界」の諸矛盾を直視しないで菩提を得ようとする求道心を問い直すのが「道場樹の願」です。

親鸞聖人は『浄土和讃』に「七宝講堂道場樹《しっぽうこうどうどうじょうじゅ》／方便化身《ほうべんけしん》の浄土なり／十方来《じっぽうらい》

生《しょう》きわもなし／講堂道場礼《らい》すべし」と記して、道場樹を「方便化身の浄土なり」と表しています。そしてその世界を「講堂道場礼すべし」と尊重されています。道場樹は方便化身の世界です。方便は真実を明らかにする手立てです。化身とは衆生の苦悩に応じる仏さまのはたらきです。その仏の教化により真実に背く我が身に出遇うのです。

つまり、道場樹の願いとは、どこまでも泥沼の「私と私の世界」を捨象《しゃしょう》しないということです。命を阻害しているさまざまな現実問題を抜きにして、相互共存する命に目覚めることはないことです。道場樹を設けて願われているのは、全てを支えている存在の大地に対する私たちの無視、無理解の問題です。

いま世界はテロとその応酬による悲惨な現実が蔓延《まんえん》しています。それら暴力の連鎖を、宗教的な課題として私を問う問題と受けとめることもなく、むしろそれは政治問題であって宗教問題ではないと無視するならば、一体全体、すべての人の救いを課題にする浄土の教えにあずかる現場はどこにあるのでしょうか。

かつてD・ボンヘッファーはナチスの時代に聖職者が教会のうちに閉じこもって、ナチスの歴史的罪悪を傍観して自らの清潔を守り、ただ神に祈りを捧げていることに対して、「敬虔《けいけん》なる怠慢《たいまん》」と言いました。そういう私の求道心を問い直す課題こそが道場樹です。

現実に根ざした聞法の場を開く道場樹、すなわち、私の存在もまたこの泥沼の世に加担している身であることを知り、自分を問う場所に我が身を置き続けること、それが大地に根ざす道場樹の願いです。存在の大地を切り離し、ひとり高みに立とう、伸びようとする私たちのあやまりを「道場樹の願」は教え誡《いまし》めています。

◆第二十九願　得弁才智《とくべんざいち》の願
◆第三十願　智弁無窮《ちべんむぐう》の願

第二十九願

設《せつ》我《が》得佛《とくぶつ》、
國中《こくちゅう》菩薩《ぼさつ》、
若《にゃく》受讀《じゅどく》經法《きょうぼう》、
諷誦《ふじゅ》持說《じせつ》、
而《に》不《ふ》得《とく》辯才《べんざい》智慧《ちえ》者《しゃ》、

たとい我《われ》、仏を得んに、
国の中の菩薩《ぼさつ》、
もし経法《きょうぼう》を受読し、
諷誦《ふうじゅ》持説して、
弁才智慧《べんざいちえ》を得ずんば、

不《ふ》取《しゅ》正《しょう》覺《がく》。

正覚を取らじ。

現代語訳

もし、わたしが仏になれるとしても、わたしの国の菩薩が、もし経典を読み、口に誦《とな》えて、心に深くいただき、人々にその意義を説く弁舌の力と智慧を得ないようなら、わたしは誓ってさとりを開きません。

第三十願

設《せつ》我《が》得佛《とくぶつ》、
國中《こくちゅ》菩薩《ぼさつ》、
智慧《ちえ》辯才《べんざい》、
若《にゃく》可《か》限量《げんりょう》者《しゃ》、
不《ふ》取《しゅ》正覺《しょうがく》。

たとい我《われ》、仏を得んに、
国の中の菩薩《ぼさつ》、
智慧弁才《ちえべんざい》、
もし限量《げんりょう》すべくんば、
正覚を取らじ。

現代語訳

もし、わたしが仏になるとしても、わたしの国の菩薩が、その智慧と弁舌の力に限りがあるようなら、わたしは誓ってさとりを開きません。

違いを違いのまま認められる仏の智慧

第二十九願「得弁才智《とくべんざいち》の願」と第三十願「智弁無窮《ちべんむぐう》の願」、この二つの願はともに「浄土の菩薩」には苦悩する衆生に真実を語ることのできる智慧が備わることを願っています。智慧とは、私たちの日常的なものの見方や、学問的知識でも、生活経験の知恵でもありません。それは自分自身と世界の事象との全てを正しく見る仏の智慧（仏智）です。

では、なぜ苦悩する衆生に関わる「浄土の菩薩」に智慧が備わり、その智慧が限りなく続くことが願われているのでしょうか。それは私たちの価値観があまりにも一方的で偏重し、公平な眼を見失っているからです。

具体的な問題をとおして偏重した価値観を考えてみます。人間の自己中心的なものの捉え方は、今年（２０１６年）の夏、ブラジルで行われたオリンピック報道によく表れています。多くの日本のメディアは、「平和の祭典」であるオリンピックを国威発揚の場と捉えて日本中心の報道スタイルで一貫していました。

ドナルド・キーン氏は９月４日の中日新聞に『ジャーナリズムの本領は』と題して、次のように記しています。「ようやく終わった。リオ五輪ではない。台風のような五輪報道である。連日、ほとんどの新聞は一面から社会面まで、日本人の活躍で埋め尽くされた。どれもこれも同じような写真が並んだ。どのテレビ局も似たような映像で伝えるのは、日本人の活躍だった。まるで全体主義国家にいるような気分になった」と。

私もまた、日本のメディアが事実を直裁に伝える本来の役割を果たしていないことに危惧を感じています。国威発揚を掲げる五輪報道の渦の中で、この国が抱える問題の数々が疎《おろそ》かにされたと思います。8月15日の終戦記念日、それに関わる数々の問題や、天皇生前退位に関すること、熊本地震と原発問題等々の看過《かんか》できない現実が国民の眼から遠くに追いやられていきました。

あたかも、この国は平穏無事でどこにも問題がないかのように、オリンピックのメダル獲得が唯一の関心事であるかのように仕向けられていると考えるのは私一人の穿《うが》った見方でしょうか。事実が覆われていく時代が到来しつつある予兆を感じます。実は、このような「私と私の世界」の闇（偏重した人間観と世界観）を開く真実の智慧が「浄土の菩薩」に願われているのです。

今年（2016年）、8月27日、28日の2日間、ロサンゼルスで第12回世界同朋大会が開催されました。大会のテーマは「Dōbō～多様な世界の中で～」というものでした。開催地ロサンゼルスはまさに民族の坩堝《るつぼ》といわれるぐらいに多民族、多文化の社会です。肌の色も違い、話す言語も違い、食文化も違う人々が、それぞれを尊重することなくして、ロサンゼルスの社会は成り立ちません。まさに多様性の只中で、浄土が求められているのです。

その意味では、違いを違いのまま認めるのが仏の智慧です。そういう智慧が多文化社会の中で現実的に求められているように、阿弥陀仏の本願においても、浄土ならざる世界に浄土の真実を顕かにする核心として「弁才智慧」「智弁無窮」が願われています。

そしてさらには「浄土の菩薩」と同じように、閉塞する時代社会の闇を生きる私たちにもまた、世の中の矛盾・不正・歪みに、ただ座り込んで傍観するのではなく、智慧の念仏に身を据えて、歩みだす力が求められています。

◆第三十一願　国土清浄《こくどしょうじょう》の願
◆第三十二願　宝香合成《ほうこうごうじょう》の願

第三十一願

設《せつ》我《が》得《とく》佛《ぶつ》、
國《こく》土《ど》清《しょう》淨《じょう》、
皆《かい》悉《しつ》照《しょう》見《けん》、　十《じっ》方《ぽう》一《いっ》切《さい》
無《む》量《りょう》無《む》數《しゅ》　不《ふ》可《か》思《し》議《ぎ》
諸《しょ》佛《ぶつ》世《せ》界《かい》、

たとい我《われ》、仏を得んに、
国土清浄《しょうじょう》にして、
みなことごとく十方一切の
無量無数《むしゅ》不可思議の
諸仏世界を照見《しょうけん》せんこと、

猶《ゆ》如《にょ》明《みょう》鏡《きょう》　覩《と》其《ご》面《めん》像《ぞう》。
若《にゃく》不《ふ》爾《に》者《しゃ》、不《ふ》取《しゅ》正《しょう》覺《がく》。

猶《なお》し明鏡《みょうきょう》にその面像を覩《み》るがごとくならん。
もし爾《しか》らずんば、正覚を取らじ。

現代語訳

もし、わたしが仏になれるとしても、わたしの国土は清浄であって、あたかもかげりのない鏡に顔を映し出して見るように、みなことごとく、数限りのない思いを超えたさまざまな仏がたの世界を照らし出して見ることができるであろう。そうでないようなら、わたしは誓ってさとりを開きません。

第三十二願

設《せつ》我《が》得《とく》佛《ぶつ》、
自《じ》地《じ》已《い》上《じょう》、至《し》于《う》虚《こ》空《く》、
宮《く》殿《でん》樓《ろう》觀《かん》　池《ち》流《る》華《け》樹《じゅ》、
國《こく》中《ちゅう》所《しょ》有《う》　一《いっ》切《さい》万《まん》物《もつ》、
皆《かい》以《い》無《む》量《りょう》雜《ざっ》寶《ぽう》
百《ひゃく》千《せん》種《じゅ》香《こう》、而《に》共《ぐ》合《ごう》成《じょう》。
嚴《ごん》飾《じき》奇《き》妙《みょう》、超《ちょう》諸《しょ》人《にん》天《でん》。
其《ご》香《こう》普《ふ》薫《くん》　十《じっ》方《ぽう》世《せ》界《かい》。

たとい我《われ》、仏を得んに、
地より已上《いじょう》、虚空に至るまで、
宮殿《くでん》・楼観《ろうかん》・池流《ちる》・華樹《けじゅ》、
国の中のあらゆる一切万物《まんもつ》、
みな、無量の雑宝《ざっぽう》
百千種の香をもって、しかも共に合成《ごうじょう》せん。
厳飾奇妙《ごんじききみょう》にして、もろもろの人天に超《こ》えん。
その香、普《あまね》く十方世界に薫《くん》ぜん。

菩薩《ぼさつ》聞者《もんしゃ》、皆修佛行《かいしゅぶつぎょう》。
若不如是者《にゃくふにょぜしゃ》、不取正覺《ふしゅしょうがく》。

菩薩、聞かん者、みな仏行《ぶつぎょう》を修せん。
もしかくのごとくならずんば、正覚を取らじ。

現代語訳

もし、わたしが仏になれるとしても、大地から天空に至るまで、宮殿・楼閣・水の流れ・花や樹木など、わたしの国にあるすべてのものが、どれもみなはかりしれない数の宝石や百千種類の香で成り立ち、それは喩えようもなく美しく飾られていて、もろもろの人々や神々の領域を超え、その香りはあまねく十方世界に薫じわたっている。この香りに仏の説法を聞くかのように香りをかぐ菩薩たちはみな仏道に勤しむであろう。そうでないようなら、わたしは誓ってさとりを開きません。

穢土への批判を介して虚偽と流転を超える真実の国土を開く

第三十一願「国土清浄《こくどしょうじょう》の願」と第三十二願「宝香合成《ほうこうごうじょう》の願」は合わせて「浄土（国土）を明らかにする願」と理解されています。なぜ阿弥陀の本願が国土として願われるのでしょうか。国土とは生活の場所です。けれどもその場所が命輝く場所になっていないことが問題です。石川啄木は「はたらけど　はたらけど猶《なお》わが生活《くらし》楽にならざり　ぢっと手を見る」と。重ねて「何がなしに　頭のなかに崖ありて　日毎《ひごと》に土のくづるるごとし」と謳《うた》っています。本当の生活を求める叫び、命の輝きを求める悲鳴です。

このような苦悩する命に応《こた》えようとする国土こそが阿弥陀の本願です。今回の二つの本願文は、文字どおり、一切衆生を平等に救いとる国土が主題です。まず三十一願には国土の清浄が願われています。清浄とは美しくて清らかな世界を表しています。しかしそれだけではありません。清と浄の二字は、いうまでもなく濁と穢に対しています。国土が清浄であるとは「五濁悪世」の穢土を問うことに意味があります。命の輝きを奪う「私と私の世界」を根源的に批判する世界として「国土清浄」であることが願われています。

しかも平面的に対峙しているのではなく、むしろ国土が清浄であることをもって、「十方一切の」「諸仏世界を」鏡に写し見るように、その是非・善悪・正邪《せいじゃ》・浄穢《じょうえ》を照らし出すのです。そのことで命の輝きを奪う「五濁悪世」を悲しみの中に批判し、その批判を介して、虚偽と流転を超える真実の国土を開くのです。

かつて、インドのマザー・テレサは「愛の反対は憎しみではなく無関心」との言葉をもって私の日常生活の実態を言い当てました。まさに「五濁悪世」とは、他者の、そして自らの命に責任をもたず、無関心と無感動の中で命を弄《もてあそ》んでいる私の世界です。事実、いま、世界は深く傷ついています。中東の地では子ども、老人、若者たち、多くの人々が空爆と地上戦の中で、全ての関係が破壊される絶望の中を生きています。日本では憲法が蔑ろにされ、沖縄の辺野古や高江では、新基地とヘリパッド建設に反対する人たちが、国民の無関心という名の暴力を背景にした国家権力の横暴の只中にいます。

このような衆生の現実を直視して阿弥陀の国土が清浄であることが願われています。それは衆生の国土の矛盾・不正・歪みの全てをありのままに照らし出し、それらを阿弥陀の国土の内に包み、しかもその国土の清浄性をもって問い正すのです。さらには、この浄土の能動的なはたらきを表しているのが第三十二願「宝香合成の願」です。

第三十一願との関係で言えば、阿弥陀の国土がただ単に清浄であるだけではなく、清浄化するはたらきであることが全ての菩薩たちに聞きとられることを願いとしています。願文によれば、「国中のあらゆる一切万物」が、清浄な願いを表す「香」をもち、それらが「あまねく十方世界に熏」じて、その清浄な願いが、そこを生きる菩薩たちの身に聞きとられ、共鳴して、「自分も他者も」共に救われていく道を歩むこととなります。

ところで、「香」とは「十方世界」のいたるところにまで、国土清浄の願いが広がり薫じ続けるはたらきの象徴です。あらゆる世界に関わって、それぞれの国を仏さまの願いの国土にする、願いの越境性を表しています。

課題は、この二つの本願文の仏意を受けて、他ならぬ私が、阿弥陀の国土の願いに目覚めることです。そしてこの浄土の願いを根拠にして、「五濁悪世」、すなわち現在を「穢土」と認識して、それが私の身の現実と受けとめ、逃げ出すことなく、永遠の浄土願生者として「いま・ここ」を歩み出すことです。

◆第三十三願　触光柔軟《そっこうにゅうなん》の願・摂取不捨《せっしゅふしゃ》の願
◆第三十四願　聞名得忍《もんみょうとくにん》の願

第三十三願

設《せっ》我《が》得《とく》佛《ぶつ》、
十方《じっぽう》無量《むりょう》　不可思議《ふかしぎ》
諸佛《しょぶつ》世界《せかい》　衆生《しゅじょう》之類《しるい》、
蒙《む》我《が》光明《こうみょう》、　觸其身者《そくごしんしゃ》、
身心柔輭《しんじんにゅなん》、　超過人天《ちょうかにんでん》。

たとい我《われ》、仏を得んに、
十方無量不可思議の
諸仏世界の衆生の類《るい》、
我《わ》が光明《こうみょう》を蒙《こうぶ》りてその身に触《ふ》れん者、
身心柔軟《しんじんにゅうなん》にして、人天に超過《ちょうか》せん。

若《にゃく》不《ふ》爾《に》者《しゃ》、不《ふ》取《しゅ》正《しょう》覺《がく》。

もし爾《しか》らずんば、正覚を取らじ。

現代語訳

もし、わたしが仏になれるとしても、十方無量の思いはかることのできないさまざまな仏がたの世界の衆生たちが、わたしの光明に触れ、その光に照らされて、それを身に受けたものは、身も心も安穏となり、その束縛から解き放たれた生きざまは他の人々や神々のおよぶものではありません。そうでないようなら、わたしは誓ってさとりを開きません。

第三十四願

設《せつ》我《が》得《とく》佛《ぶつ》、十《じっ》方《ぽう》無《む》量《りょう》　不《ふ》可《か》思《し》議《ぎ》
諸《しょ》佛《ぶつ》世《せ》界《かい》　衆《しゅ》生《じょう》之《し》類《るい》、
聞《もん》我《が》名《みょう》字《じ》、不《ふ》得《とく》菩《ぼ》薩《さつ》　無《む》生《しょう》法《ぼう》忍《にん》
諸《しょ》深《じん》總《そう》持《じ》者《しゃ》、不《ふ》取《しゅ》正《しょう》覺《がく》。

たとい我《われ》、仏を得んに、
十方無量不可思議の
諸仏世界の衆生の類《るい》、
我《わ》が名字《みょうじ》を聞きて、
菩薩《ぼさつ》の無生法忍《むしょうぼうにん》、
もろもろの深総持《じんそうじ》を得ずんば、
正覚を取らじ。

現代語訳

もし、わたしが仏になれるとしても、十方無量の思いはかることのできないさまざまな仏がたの世界の衆生たちが、わたしの名を聞いて、あらゆるものの存在の真実を知る智慧である無生法忍と、その仏法を深く記憶して忘れない力を得られないようなら、わたしは誓ってさとりを開きません。

光と名により、共なる命に目覚め、解き放たれる

第三十三願「触光柔軟《そっこうにゅうなん》の願」（摂取不捨《せっしゅふしゃ》の願）と第三十四願「聞名得忍《もんみょうとくにん》の願」について、親鸞聖人はこの二つの本願文を「真仏弟子《しんぶつでし》」が成り立つ根拠として受けとめています。特に第三十三願を親鸞聖人が「摂取不捨の願」とも名づけていることは看過できません。阿弥陀仏の願いに背くものまでも救うという徹底的な仏の大悲心に出遇うものこそが真仏弟子なのでしょう。

真仏弟子については、「「真」の言《ごん》は偽《ぎ》に対し、仮《け》に対するなり。「弟子」とは釈迦《しゃか》・諸仏の弟子なり。金剛心《こんごうしん》の行人《ぎょうにん》なり」（『教行信証』信巻）と記し、真仏弟子とは、偽なる、仮なる世界に生きる自分に向き合い、釈迦・諸仏の弟子とし

て、教えに聞き続けていくものと表しています。人は誰もが「私と私の世界」に執着し、それを絶対化し、異なった「他者とその世界」を受け入れようとしません。釈迦の教えも、自分の都合（ものさし）で解釈して歪めていきます。その結果、「仏法と世法」を秤《はかり》にかけて、仏法ではそうだけれども、世間では通用しないと言い訳し、仏法に立って世法を問うことをしません。だからこそ仏法に我が身を据えて聞き続ける主体が真仏弟子として問題提起されているのです。具体的に言えば、戦争と差別の渦巻く現実世界にあって、仏法から教えられる身となって、いつでもどこでも「私は仏教徒です」と宣言する生活者となることでしょう。

この真仏弟子を成り立たせる根拠を明らかにするのが、「触光柔軟の願」と「聞名得忍の願」です。前者は、全ての衆生が仏の光明にふれることにより、智慧に基づく柔軟心が与えられることを願います。また後者は、仏の名を聞いて、自分も他者も共なる命を生きるものであることに目覚め続けていくことを願っています。つまりこの世界を生きる衆生の一人ひとりが光明と名号のはたらきにより、共なる命に目覚めて生きることが課題にされています。

私はこの光明と名号を考える時、戦後50年の節目に建てられた「平和の礎《いしじ》」（1995年6月23日、沖縄・摩文仁《まぶに》の丘）を思い起こします。そこに刻まれた戦死者の名は沖縄住民、日本兵、連合軍兵、朝鮮半島出身者などの人々です。「平和の礎」除幕式当時には236、666人の名が刻まれました。その石碑の前で、家族や友人が「金城、朴、ジェームス」などと名を呼んでいました。その中のアメリカ人戦死者ロバート（当時20歳）の戦友（70歳）が「オー、ロバート」と叫ぶ声を私は思い出します。ロバートは今生《こんじょう》この世のどこにもいない。しかしその名には彼の生と死の全体が刻まれています。ロバートという名は記号ではない。その名は彼の存在そのものを表しています。そして戦争という人間の愚行を照らす光として、いま「私と私の世界」の闇（戦争と差別の現実）を告発しています。

もちろん、真宗仏教でいうところの光と名とは阿弥陀の光であり、名です。阿弥陀とは私たちの誰もが見失っている「存在（命）の大地」を表し、相互共存する命の真実を表す名です。それは創造主の名でも、超越者の名でもありません。

阿弥陀仏とはいかなる国のいかなる人も、老少善悪・男女賢愚に関係なく、ただそこに生きて在るだけで「いのちみなみな生きらるべし」と抱きしめている根源的な願いを表す名です。しかもその名は「南無阿弥陀仏」と自らを名告《なの》って、私たちに呼びかけています。その名のはたらきが闇を照らす光（「智慧のかたち」（『唯信鈔文意』））です。この光と名により、共なる命に私が目覚め、大きな世界に解き放たれることを明らかにしているのがこの本願文の眼目です。親鸞聖人が『四十八大願』において、光に出遇う第三十三願を特に「摂取不捨の願」とも名づける所以《ゆえん》です。

◆第三十五願　女人成仏《にょにんじょうぶつ》の願
◆第三十八願　衣服随念《えぶくずいねん》の願

※第三十六願、第三十七願は178頁～

第三十五願

設《せつ》我《が》得佛《とくぶつ》、
十方《じっぽう》無量《むりょう》不可思議《ふかしぎ》諸佛《しょぶつ》世界《せかい》、
其有《ごう》女人《にょにん》、聞《もん》我《が》名字《みょうじ》、
歡喜《かんぎ》信樂《しんぎょう》、發《ほつ》菩提心《ぼだいしん》、
厭惡《えんお》女身《にょしん》。

たとい我《われ》、仏を得んに、
十方無量不可思議の諸仏世界に、
それ女人《にょにん》あって、我が名字《みょうじ》を聞きて、
歓喜信楽《かんぎしんぎょう》し、菩提心《ぼだいしん》を発《おこ》して、
女身《にょしん》を厭悪《えんお》せん。

壽《じゅ》終《じゅ》之《し》後《ご》、復《ぶ》爲《い》女《にょ》像《ぞう》者《しゃ》、
不《ふ》取《しゅ》正《しょう》覺《がく》。

寿《いのち》終わりての後、また女像《にょぞう》とならば、
正覚を取らじ。

現代語訳

もし、わたしが仏になれるとしても、十方無量の思いはかることのできないさまざまな仏がたの世界に女性がいて、わたしの名を聞き、身も心も喜び信じ願って、さとりを求める心を発し、女性であることにより、この身に被る差別を厭《いと》い嫌うであろう。しかし与えられた命を終えてのちにも、なお差別的な女性観から解放されないようなら、わたしは誓ってさとりを開きません。

第三十八願

設《せつ》我《が》得《とく》佛《ぶつ》、
國《こく》中《ちゅ》人《にん》天《でん》、欲《よく》得《とく》衣《え》服《ぶく》、
隨《ずい》念《ねん》卽《そく》至《し》。
如《にょ》佛《ぶつ》所《しょ》讃《さん》 應《おう》法《ほう》妙《みょう》服《ぶく》、
自《じ》然《ねん》在《ざい》身《しん》。
若《にゃく》有《う》裁《さい》縫《ふ》 擣《とう》染《ぜん》浣《かん》濯《だく》者《しゃ》、
不《ふ》取《しゅ》正《しょう》覺《がく》。

たとい我《われ》、仏を得んに、
国の中の人天、衣服《えぶく》を得んと欲《おも》わば、
念に随《したが》いてすなわち至らん。
仏の所讃《しょさん》の応法《おうほう》の妙服《みょうぶく》のごとく、
自然《じねん》に身にあらん。
もし裁縫《さいふ》・擣染《とうぜん》・浣濯《かんだく》することあらば、
正覚を取らじ。

現代語訳

もし、わたしが仏になれるとしても、わたしの国に生まれた人たちが、衣服を得ようと欲《おも》うならば、おもいのままにすぐに現れるであろう。それらは仏が褒め称える教法にかなった尊い衣服であるかのように、それらの人たちは自然にその身にまとうであろう。もし、裁縫し、染色し、洗濯しなければならないようなら、わたしは誓ってさとりを開きません。

女性への差別とカースト制度からの解放を願う

第三十五願「女人成仏《にょにんじょうぶつ》の願」では十方衆生の中で特に女性の救済が課題にされています。それは女性（女人）の存在が世界の構造的な仕組みの中で蔑ろにされ、差別されている現実があり、その被差別の女性の身（女身）が救われなければ、十方衆生の救いを課題にする阿弥陀の本願が成就しないからです。

また、この第三十五願とともに、インドでの差別的な社会構造でもあるカースト制度と深く関わっている本願文が第三十八願「衣服随念《えぶくずいねん》の願」です。これについては私のインド旅行の体験から考えてみたいと思います。

私がインドで見たものは、朝もやのガンジス河の川沿いで洗濯石にひたすら衣服を打ちつけている人たち、路上で粗末な椅子に座る客を散髪する人たち、軒下で足踏みミシンを使い裁縫する人たち、白布に版木をひたすら擣《う》つ人たちなどです。

このようなインド民衆の中でもきびしい生活を強いられている人々の救いを課題にしているのが第三十八願「衣服随念の願」です。インドのカースト制度は職業区分でもあり、差別的観念を生み出す元になっています。第三十八願ではこの社会的な差別構造からの解放が浄土の「国土人天」に託して願われています。

第三十五願は「女人成仏の願」といわれるように、その主題は全てのカーストの中においても複合的に差別を被《こうむ》っている女性の救済が課題です。その願いを実現していくために、本願文に「女身《にょしん》を厭悪《えんお》」し、「寿終《いのち》わりての後、また女像《にょぞう》となららば」と記しているように、女性であることからの忌避《きひ》が繰り返されています。

なぜそれほどまでに女性であることが忌避されるのでしょうか。その考え方の背景にインド古来からの差別的な女性観があるからです。インドのバラモン教

（古典ヒンドゥーイズム）の『マヌ法典』には、女性は男性の従属物であるとする「三従《さんしょう》」説が記されています。仏教経典には女性の社会進出を阻む「五障《ごしょう》」説があります。このような女性観の上に設けられた女性救済の解決策が第三十五願となっています。

しかし女性が女性のままで救われないなら、また第三十八願で記された「裁縫・擣染・浣濯」するものの尊厳が認められ、それらの人々がそのままで救われないなら、一切衆生の平等の救いを課題とする本願の心はどうなるのでしょうか。

もともと、本願は絶対的な平等心を明らかにしています。たとえば、第三願「悉皆金色《しっかいこんじき》の願」では全ての存在の尊厳性が願われ、また第十八願「至心信楽《ししんしんぎょう》の願・念仏往生《ねんぶつおうじょう》の願」では、十方衆生の救いを念仏一つ、あるいは念仏を信じる信心一つで明らかにしています。まさしく女性が女性のまま、男性が男性のまま、「ただ念仏して、弥陀にたすけられまいらすべし」（『歎異抄』第二条）であります。

このように他の本願文を根拠にしてこの本願文を読み込むならば、この第三十五願に説く「女身を厭悪」する思想は、絶対的な平等心の表現であるよりも、インド古来のバラモン教に基づく差別的な女性観を表したものです。それを現代に踏襲して考える必要はないと私は思います。むしろ、それらの女性観を反転して、例えば、「女身を厭悪」するとは、女身を差別する意識と構造を徹底して問い直していくことです。また「寿、終わりての後、また女像あらば」とは、「女身を厭悪」することの不正と矛盾と歪みを知ったとしても、なお歴史的・社会的に貶《おとし》められた女性観（女像）に執われることがあるのならば、その女性観（女像）を質《ただ》していくことです。本願文をこのように受けとめ直して、あらためて、一切衆生を無差別平等に救いとる阿弥陀の本願の心によりながら、歴史的・社会的に作られた女性差別の偏向に、真向かいになることが求められているのではないでしょうか。

◆第三十六願 常修梵行《じょうしゅぼんぎょう》の願

◆第三十七願 人天《にんてん》致敬《ちきょう》の願

第三十六願

設《せつ》我《が》得《とく》佛《ぶつ》、
十方《じっぽう》無量《むりょう》　不可思議《ふかしぎ》
諸佛《しょぶつ》世界《せかい》　諸菩薩衆《しょぼさつしゅ》、
聞《もん》我《が》名字《みょうじ》、　壽終之後《じゅじゅしご》、
常《じょう》修梵行《しゅぼんぎょう》、　至《し》成佛道《じょうぶつどう》。

たとい我《われ》、仏を得んに、
十方無量不可思議の
諸仏世界のもろもろの菩薩衆《ぼさつしゅ》、
我《わ》が名字《みょうじ》を聞きて、寿《いのち》終わりての後、
常に梵行《ぼんぎょう》を修して、仏道を成るに至らん。

若不爾者《にゃくふにしゃ》、不取正覺《ふしゅしょうがく》。

もし爾《しか》らずんば、正覚を取らじ。

現代語訳

もし、わたしが仏になれるとしても、十方無量の思いはかることのできないさまざまな仏がたの世界の菩薩たちが、与えられた命を終えてのちにも、常に清らかな行を修めて、仏道を成し遂げるであろう。そうでないようなら、わたしは誓ってさとりを開きません。

第三十七願

設《せつ》我《が》得《とく》佛《ぶつ》、十方《じっぽう》無量《むりょう》不可思議《ふかしぎ》
諸佛《しょぶつ》世界《せかい》諸天人民《しょてんにんみん》、
聞《もん》我《が》名字《みょうじ》、五體投地《ごたいとうじ》、
稽首作禮《けいしゅさらい》、歡喜信樂《かんぎしんぎょう》、
修菩薩行《しゅぼさつぎょう》。
諸天世人《しょてんせにん》、莫不致敬《まくふちきょう》。
若不爾者《にゃくふにしゃ》、不取正覺《ふしゅしょうがく》。

たとい我《われ》、仏を得んに、
十方無量不可思議の
諸仏世界の諸天人民《しょてんにんみん》、
我が名字《みょうじ》を聞きて、五体を地に投げて、
稽首作礼《けいしゅさらい》し、歓喜信楽《かんぎしんぎょう》して、
菩薩《ぼさつ》の行を修せん。
諸天世人、敬《うやま》いを致《いた》さずということなけん。
もし爾《しか》らずんば、正覚を取らじ。

現代語訳

もし、わたしが仏になれるとしても、十方無量の思いはかることのできないさまざまな仏がたの世界の神々や人々は、わたしの名を聞いて、五体（両手・両膝・額）を地面に投げ伏して、うやうやしく合掌礼拝《らいはい》して、歓び信じ願って菩薩の行を修めるそのことにより、諸々の天の神々や世の人々は全て皆、あなたを敬うでしょう。そうでないようなら、わたしは誓ってさとりを開きません。

私たちの課題は
「菩薩の行」であることに目覚めること

第三十六願「常修梵行《じょうしゅぼんぎょう》の願」と第三十七願「人天致敬《にんでんちきょう》の願」はいずれも私たちの生活が菩薩道と呼ばれるような開かれた生活であることが願われています。私たちは日頃、生と死を分断して、生の部分だけで一喜一憂して自分を捉えています。それはふと漏《も》らす「死んだら終《しま》いや」の言葉によく表れています。

人は必ず他者の死に出会い、やがて自分も死をむかえ、その死が他者に死の意味を開いていきます。その関わりの中で、あらためて「私はいかなるもの（主体）」として命を生きているのか。その問いが課題となります。今回の二つの本願文から、生と死の関係をとおして、人間として生きることの意味を考えてみたいと思います。

私は昨年の11月、親しい友人の死に出会いました。報恩講《ほうおんこう》の時期、『御伝鈔《ごでんしょう》』に記す「滅後《めつご》のいまを悲《かな》しみて、恋慕涕泣《れんぼていきゅう》せずということなし」の言葉が身にしみ、遠く離れたブラジルの地で「恋慕涕泣」する中で、この二つの本願文を読むこととなりました。

そこで、私は、人は死んだら終わりではなく、いまを生きる私に真実を知らせる仏となり、私の煩悩の底に身を埋め（衆生と共に在る菩薩となり）、いつでもどこでも、さまざまな出来事をとおして、私に真実を目覚めさせる「はたらき」として、私と共にあることを感じました。

この二つの本願文は「我が名字を聞きて」から始まります。この仏の名をもってする仏さまの呼びかけに応じる姿がそれぞれに表されています。第三十六願には「寿終わりての後、常に梵行を修して、仏道を成るに至らん」とあります。寿命を終えて、浄土に往生して終わるのではなく、全ての人を仏にしたいと歩み続ける仏となることが願われています。

それは浄土にとどまらないで、あえて「無三宝処《むさんぼうしょ》（穢土《えど》）」に生まれ出て、菩薩となって衆生の煩悩に寄り添い、その梵（清浄な）行を尽くして、私も人も共に救われる仏道を成就することが課題とされています。

第三十七願では、その「常に梵行を修する」菩薩の行が阿弥陀仏のはたらきであると知り、「（阿弥陀仏を）うやうやしく礼拝《らいはい》し、喜び信じて菩薩の修行に励むなら、天の神や世の人々は全て皆、あなたを敬うでしょう」（意訳）と、私の目覚めを促す「はたらき」に礼拝し、その「はたらき」により菩薩の行を歩まんとするなら、同じく本当に救われたいと願う「諸天世人《しょてんせにん》」から敬いを受けることが述べられています。

すなわち、この第三十六願と第三十七願は、大乗《だいじょう》菩薩道を歩む浄土の菩薩の歩みに擬《なぞら》えて、まさに、命を終えた人を仏としていただき、その仏の「はたらき」をご縁にして、現在を生きる課題が、まさしく「菩薩の行」であることに私たちが目覚め、生きることを教えています。

その願いは、あらゆる世界にあって「真実に生きよう」と呼びかけられて、真実を生きようとする全ての人々に向けられています。そこで思い起こすのが、明治の時代に、環境破壊は資本と行政の合体であると見抜き、全財産を投げ打って、足尾銅山鉱毒事件に関わり、「真の文明は／山を荒《あら》さず／川を荒さず／村を破らず／人を殺さざるべし」と喝破した田中正造翁《おう》です。いま私は、大地に五体投地するかのように谷中村に這《は》いつくばって生きた、その生きる姿を「菩薩の行」と受けとめています。そしてそのようにして私の前を歩んでいった菩薩たちから「汝《なんじ》、何者として命を生きているのか」と厳しく呼びかけられていると思います。

◆第三十九願　常受快楽《じょうじゅけらく》の願

第三十九願

設《せつ》我《が》得《とく》佛《ぶつ》、
國《こく》中《ちゅう》人《にん》天《でん》、
所《しょ》受《じゅ》快《け》樂《らく》、
不《ふ》如《にょ》漏《ろ》盡《じん》比《び》丘《く》者《しゃ》、
不《ふ》取《しゅ》正《しょう》覺《がく》。

たとい我、仏を得んに、
国の中の人天、
受けんところの快楽《けらく》、
漏尽比丘《ろじんびく》のごとくならずんば、
正覚を取らじ。

現代語訳

もし、わたしが仏になれるとしても、わたしの国に生まれた人たちの受ける楽しみが、煩悩を滅し尽くした修行僧のようでないようなら、わたしは誓ってさとりを開きません。

他者と共に生き世界と共にある自分に目を覚ます

第三十九願「常受快楽の願《じょうじゅけらく》」は私たちに本当の喜びとは何かを教えています。私たちの現実生活は快楽《かいらく》を求めて、その結果、自分を傷つけ、人を傷つけ、自然を踏みつけ、地球の生態系を破壊し、欲望という名の快楽を貪《むさぼ》り続けています。アマゾンの熱帯雨林をもつブラジルでも、牧草地などの造成のために森林を焼き払い、先住民族、動植物の生存圏を破壊しています。

快楽を求める金儲け主義は国境を越えた金融資本を生み出し、倫理なき「投機マネー」により、一方的な富の集積を招き格差社会を増大させ、人々から労働の喜び、生きる意欲を奪っています。まさしく、時代は、貪欲《とんよく》（むさぼり）・瞋恚《しんに》

（いかり）・愚痴《ぐち》（ねたみ）の三大煩悩が跋扈《ばっこ》する「快楽」社会です。

この欲望という名の「快楽」に対して、この第三十九願「常受快楽の願」では、それとは異った意味での「快楽《けらく》」が願われています。それではなぜ「国中の人天」に煩悩を断じ尽くした「漏尽比丘《ろじんびく》」のような快楽が願われているのでしょうか。それは煩悩に翻弄《ほんろう》され、間柄《あいだがら》存在である人間を見失っている私たちを深く悲しむ仏さまの心により起こされているからです。

人間として生きたいという願い、そして喜びは、他者と共に開かれた関係を自己として見出すことです。そのためには終生煩悩しかない私たちの何が問題なのでしょうか。まずは自らの煩悩を自覚することです。本願文の言葉でいえば、「漏尽比丘」のような快楽を指針として、自らを問い続けることです。喩えていえば、「世界がぜんたい幸福にならないうちは、個人の幸福はあり得ない」（宮沢賢治）という心に学んで、自らの幸福観を問い直すことです。問題いっぱいの現実に在りながら、私は幸福で何も問題がないと考える。その鈍感さが、実は他者をいよいよ不幸にしていく現実を生み出しているのです。

現在の問題でいえば、沖縄を犠牲にしている現実です。また、東日本大震災から6年を過ぎたいまも高い放射線量の恐怖の中で作業する人たちの現実です（2017年現在）。そして昨年11月に南スーダンに派遣された自衛隊員の現実です。それらの問題を傍観するだけで、あたかも何も問題がないかのように生きている私たちの鈍感さを問う世界が本願文の「漏尽比丘」であり、「快楽」です。

親鸞聖人は煩悩を「煩はみをわずらわす。悩はこころをなやます」（『唯信鈔文意』）と教えています。まさしく煩悩とは私の生活そのものです。しかし、私には自分の生活そのものが問題だとは思えないのです。そのことがのっぴきならない問題となるためには、曇鸞《どんらん》大師が「法楽《ほうらく》」について「智慧所生の楽」（『浄土論註』）といわれているように、仏の智慧から生み出された「快楽《けらく》」を根拠とする眼、つまり仏さまの眼から、身を煩《わずら》い、心を悩ませる生活の作り出す自らの不正、矛盾、歪みに向き合うことが必要なのです。そこで初めて「我は煩悩具足の凡夫なり。我が世は火宅無常の世界なり」と知るのです。それは他者と共に生きる自分、世界と共に在る自分に目を覚ますことです。まさしく世界をもって「我」とする世界的主体の誕生です。

特に第三十九願は阿弥陀の本願の力により浄土に往生したものが、その阿弥陀の本願に励まされ、あえて五濁悪世の娑婆世界に生まれ出て、苦悩の衆生に関わろうとするものにかけられた仏さまの願いです。つまりそれは使命感をもつものが、苦悩する衆生に関わっても、決して驕《おご》り高ぶることなく、奢《おご》らず、卑下せず、万人共生の大地に、常に立ち続け、他者と共に生きる姿です。

◆第四十願

見《けん》諸《しょ》仏《ぶつ》土《ど》の願

第四十願

設《せつ》我《が》得《とく》佛《ぶつ》、
國《こく》中《ちゅ》菩《ぼ》薩《さつ》、隨《ずい》意《い》欲《よく》見《けん》
十《じっ》方《ぽう》無《む》量《りょう》嚴《ごん》淨《じょう》佛《ぶつ》土《ど》。
應《おう》時《じ》如《にょ》願《がん》、於《お》寶《ほう》樹《じゅ》中《ちゅ》、
皆《かい》悉《しつ》照《しょう》見《けん》、猶《ゆ》如《にょ》明《みょう》鏡《きょう》

たとい我《われ》、仏を得んに、
国の中の菩薩《ぼさつ》、意《こころ》に随《したが》いて
十方無量の厳浄《ごんじょう》の仏土を見んと欲《おも》わん。
時に応じて願のごとく、宝樹《ほうじゅ》の中《うち》にして、
みなことごとく照見せんこと、猶《なお》し明鏡《みょうきょう》に

観其面像《とごめんぞう》。
若不爾者《にゃくふにしゃ》、不取正覚《ふしゅしょうがく》。

その面像を観《み》るがごとくならん。
もし爾《しか》らずんば、正覚を取らじ。

現代語訳

もし、わたしが仏になれるとしても、わたしの国の菩薩が思いのままに十方無量の厳《おごそ》かで清らかな仏土を見たいと欲うなら、いつでもその願に応じて、宝樹《ほうじゅ》の中に、あたかもかげりのない鏡に顔を映し出して見るようにに、みなことごとく照らし出して見ることができるであろう。そうでないようなら、わたしは誓ってさとりを開きません。

生命の大地に立って人間を考え、世界を見る

第四十願「見諸仏土《けんしょぶつど》の願」は世界を認識する視座にかかわる願文です。ところで、諸仏の国土を見るとはどういうことなのでしょうか。まずこのことから考えてみます。2004年に日本国憲法「第9条」改訂阻止を訴えて大江健三郎さんら9名が「九条の会」を立ち上げました。そのメンバーにはかつて「ベトナムに平和を!市民連合」(ベ平連)で平和活動をしていた小田実さんもいました。

小田実さんは1959年にフルブライト留学生として渡米し、帰路に1日1ドルを目安に世界一周旅行をしました。1ドル360円の時代です。その旅行記が『何でも見てやろう』(講談社文庫)です。さまざまな国を旅する中、小田実さん

に大きな影響を与えたのがインドの貧困と差別に喘ぐ人々の現実です。それが小田実さんの「平和と平等」を課題にする生き方につながっていったのでしょう。私はそういう生き方が「諸仏の国土」を見ることだと思います。すなわち現実を直視する眼が現実の根底に叫ばれている普遍的真実を見出していくのです。これは『聖書』を現実の貧困から解釈する南米で提起された「解放の神学」にも共通しています。いずれも人間の苦悩する現実から、普遍的真実を学びとろうとするものです。

つまり、阿弥陀の本願を受けて、苦悩の衆生に関わる「国中の菩薩」が見る「諸仏の国土」とは、矛盾・不正・歪《ゆが》みに溢れる衆生の現実の国土と無関係ではありません。それはどこまでも現実の根底に願われている国土です。

それは苦悩する衆生の国土をとおして、そこに突き出されている国土の願いを見るのです。本願文では「十方無量の厳浄《ごんじょう》の仏土《ぶつど》」とあります。それが「諸仏の国土」を見ることです。その意味でいえば、小田実さんは混沌としたインドの世界をとおして、そこに「平和と平等」を求める国土の願いを見たのです。

本願文には、さらに、「諸仏の国土」の意義を明確にするために、阿弥陀仏は「宝樹の中に」おいて、「国中の菩薩」が「諸仏の国土」を見ることを願っています。ここに説かれる「宝樹」がこの本願文の核心です。「宝樹」とは浄土の樹木です。樹木は幹、茎、枝、葉、果実などの各部位から成り立ち、それらは相互共存して一つの生命体を表しています。

「宝樹」は大地の生命より生み出され、大地の生命を象徴しています。だから菩薩が「宝樹」の中に「諸仏の国土」を見るとは、「諸仏の国土」の根本の願いが、国籍、民族、文化の差異を超えて、いかなる生命も無差別平等に尊重し、讃嘆する国土であることを明らかにしています。そういう国土が見失われているのが私たちの娑婆世界です。

２０１６年7月26日未明に相模原市の福祉施設で刃物による大量殺傷事件が起きました。この事件を私とは無関係な犯罪だと他人事にすることはできません。むしろ私たちが無意識のうちに抱え込んでいる歪《いびつ》な人間観を露骨に表しています。

それはいかなる存在も生命の大地から湧き出た尊い命であると見ることなく、命を数量化し、上下に価値づけ、役に立つ命、役に立たない命と選り分けて、命を弄ぶ優生思想的な人間観です。それは常態化しつつある出生前診断、社会的弱者を切り捨てる福祉政策、ヘイトスピーチが象徴する排外主義に現れています。

この衆生の現実に向き合い、生命の大地を象徴する「宝樹」に立って、人間を考え、世界を見ることが「国中の菩薩」に願われているのです。それは同時にそのまま非人間社会の当事者である私たちに対して「人間よ、共なる命に帰れ！」、「人間よ、同朋たれ！」と叫ぶ熱いメッセージでもあります。

◆第四十一願　諸根具足《しょこんぐそく》の願

第四十一願

設我得佛《せつがとくぶつ》、他方國土《たほうこくど》諸菩薩衆《しょぼさつしゅ》、聞我名字《もんがみょうじ》、至于得佛《しうとくぶつ》、諸根闕陋《しょこんけつる》、不具足者《ふぐそくしゃ》、不取正覺《ふしゅしょうがく》。

たとい我《われ》、仏を得んに、
他方国土のもろもろの菩薩衆《ぼさつしゅ》、
我《わ》が名字《みょうじ》を聞きて、仏を得んに至るまで、
諸根闕陋《しょこんけつる》して具足《ぐそく》せずんば、
正覚を取らじ。

現代語訳

もし、わたしが仏になれるとしても、他の国土の菩薩たちが、わたしの名を聞いて、仏になるに至るまで、心身の感覚器官に不自由なところがあるようなら、わたしは誓ってさとりを開きません。

衆生の現実に同悲する主体的な感覚を願う

第四十一願「諸根具足《しょこんぐそく》の願」は「他方国土の諸菩薩衆」が成仏するに至るまで、諸々の感覚機能が十全にはたらくことを願っています。なぜ菩薩に諸根具足が求められるのでしょうか。そもそも、具足が願われる諸根とはどういうことなのでしょうか。

諸根の「根」とは梵語ではさまざまな「能力」「機能」などで、一般的には生活のためには具《そな》えていたい六根《ろっこん》（見る・聞く・嗅《か》ぐ・味わう・感じる・思考力もしくは意欲）、さらにはさとりを得るためにもちたい信（信心）・勤（向上心）・念（集中力）・定（平常心）・慧（観察力）の五根を意味しています。この諸根が具足するとはどういう事態をあらわすのでしょうか。もともと闕《けつ》は機能のいずれかが欠けていたり、除かれたり、傷つけられたりすることであり、陋《る》とは粗末にされたり軽んずることです。

これが通常の言葉の意味です。しかし、この願文を解釈してきた歴史では「諸《しょ》根闕陋《こんけつる》」について、それらをマイナスイメージに取り込んで解釈し、さまざまな機能に支障をきたしていることを差別的に取り扱ってきました。私はそうではなく諸根が闕陋することを差別する現実を問い直していく願文として捉えたいと思います。

そうであれば、諸根の具足とは、機能の回復、気力の回復と捉えることができます。それらを嫌悪（差別）することではありません。むしろ、他方国土の菩薩たちが、差別的な現実に全心身をもって向き合い、克服していくことを願う願文ではないでしょうか。

さまざまな機能が支障をきたしていることは感覚がないことではありません。感覚とは主体的な認識です。私の友人に目が見えない人がいます。彼は球場で野球を見るのが大好きです。体全体で野球を見ています。彼とインドのデカン高原に行った時のことです。バスから降りると同時に彼は「広いところやな」と感動していました。彼は視覚をもたなくとも、その場の空気、風、匂いなどをとおして、体全体で広大なデカン高原を見ていたのです。まさしく対象的視覚ではなく主体的視覚です。

私たちは物を見ているようで見ていない。世の中の矛盾・不正・歪みに目を閉ざしています。張り裂ける叫びに耳を塞《ふさ》ぎます。ヘイトスピーチで罵《ののし》られる人々の悲しみに眼をそらしてしまいます。仲間はずれにされている人の心を受けとめません。事件に遭遇《そうぐう》して倒れた人に駆け寄ることもしないで、携帯で写真を撮っている現実もあります。そういう命に対する基本的な感覚が失われているあり方が「闕陋」の問題なのではないでしょうか。

さらには私たちがもつところの感覚機能を根こそぎに奪う政治の問題もあります。2014年12月に秘密保護法が施行され、国民の目と耳を塞ぎ、また今年3月には内心の自由をも奪う「共謀罪《きょうぼうざい》」（テロ等準備罪）が提起され、国民の口に縛りをかけようとしています。私たちのものを見たり、考えたり、話したり、感じたりすることまでもが「闕陋」されているのが私たちの現在です。

一体全体、私たちの感覚はどうなっているのでしょうか。感覚を研ぎ澄ませるどころか、むしろ感覚を麻痺させる消費社会とマスメディアの洪水の中で、感覚を封印し「見ざる、言わざる、聞かざる」の三猿主義に溺れているのではないでしょうか。だからこそ、本願文においては阿弥陀の本願に感動して、あえて五濁悪世に生まれ出て、本願を生きようとする他方国土の菩薩たちに、衆生の現実に同悲する主体的な感覚が活き活きと花開くことがあらわされているのです。

◆第四十二願 聞名得定《もんみょうとくじょう》の願

第四十二願

設《せつ》我《が》得佛《とくぶつ》、
他方國土《たほうこくど》 諸菩薩衆《しょぼさつしゅ》、
聞《もん》我《が》名字《みょうじ》、
皆悉逮得《かいしつたいとく》 清淨解脱三昧《しょうじょうげだつさんまい》。
住是三昧《じゅぜさんまい》、一發意頃《いちほついきょう》、

たとい我《われ》、仏を得んに、
他方国土のもろもろの菩薩衆《ぼさつしゅ》、
我《わ》が名字《みょうじ》を聞きて、
みなことごとく清浄解脱三昧《しょうじょうげだつさんまい》を逮得《たいとく》せん。
この三昧に住して、一意《ひとたびこころ》を発《おこ》さん頃《あいだ》に、

供養《くよう》無量《むりょう》　不可思議《ふかしぎ》
諸佛世尊《しょぶつせそん》、而不失定意《にふしつじょうい》。
若不爾者《にゃくふにしゃ》、不取正覺《ふしゅしょうがく》。

無量不可思議の諸仏世尊《せそん》を供養《くよう》したてまつりて、
しかも定意《じょうい》を失せじ。
もし爾《しか》らずんば、正覚を取らじ。

現代語訳

もし、わたしが仏になれるとしても、他の国土の菩薩たちは、わたしの名を聞いて、みなことごとく、すべての束縛を離れた清浄な三昧を得るであろう。そしてこの三昧の境地に入って、すこしの間に、数限りのない思いはかることのできないさまざまな仏がたを供養したてまつって、しかも三昧の心を失わない。そうでないようなら、わたしは誓ってさとりを開きません。

菩薩をして
衆生と共に歩ませる根本となる願

第四十二願「聞名《もんみょう》得定《とくじょう》の願」（「住定《じゅうじょう》供仏《くぶつ》の願」）は前の四十一願と同じく「他方国土の菩薩衆」が対象になっています。これらの菩薩たちも阿弥陀の本願に感動し、その結果、阿弥陀の国土に留まらないで、五濁悪世に生まれ出て、苦悩する衆生と共に歩まんとする人々です。

この菩薩たちを考える時、私は三重県伊勢出身の植木徹誠《てつじょう》さんを思い起こします。彼は縁あって真宗大谷派の僧侶となり、「人間は皆平等である」との考えから部落解放運動に関わり、１９３８年に治安維持法違反で収監されます。また徹誠さんは「戦争は集団殺人だ」と言い、出兵《しゅっぺい》する村の青年たちに「生きて帰ってこい」と呼びかけ、何度も留置所に送られます。私は反差別と非戦平和を願い続けた植木徹誠さんの生涯に、阿弥陀の本願に感動した人の生き様を感じます。

さて、この第四十二願は「聞名得定の願」、あるいは「住定供仏の願」と呼ばれています。ここでは菩薩たちが阿弥陀仏の名を聞いて、煩悩から解放された「清浄《しょうじょう》解脱《げだつ》三昧《さんまい》」という名の定（三昧）を得て、しかも無数の諸仏を供養してもその定（三昧）を失わないことが願われています。

もともと供養とは仏・菩薩などの目覚めの世界に対しての讃嘆《さんだん》の表現です。具体的には飲食・衣服などの供物《くもつ》を捧げることです。どこまでも真実に目覚めた感動が目覚めさせたご縁（諸仏）に供養の形をとるのです。その真実を知る心が阿弥陀仏の名を聞いて開かれる「清浄解脱三昧」です。

一般的に、ブラジル、あるいは欧米社会では、仏教は概して「瞑想」による心の安定を得るものと考えられています。しかしこの定（三昧）は自己中心的な我執に影響されない心の状態です。自分一人の心の安定を求めるものではありません。確かに息詰まるような環境の中で心の安定を得ることは大事です。事実、戦争のできる国づくりに奔走する政治、人間を顧みない経済、銃剣道を加えて軍事教練化する教育、その中で平和を求める心が歪まないわけがありません。仏教に自分自身の心の安定を求める気持ちも理解できます。

しかし、この「四十八願」は自他共に救うという大乗の心を根本にしています。自分一人の心の安定を求めることが目的ではなく、どこまでも共に救われることが課題です。そのためには現実に黙座することなく、ある場合には直裁な現実批判もあるでしょう。その際に問題になるのが自己中心的な我執の心です。

だから、菩薩に自らを問う「清浄解脱三昧」が願われるのです。その三昧において人は初めて自他の垣根を超えて、ひとつの世界に目を覚ますのです。その意味では、もはや、「清浄解脱三昧」は人間の精神的境地ではなく、本願から開かれた仏さまの心です。菩薩の指針であり、根拠であり、支えであり、菩薩をして衆生と共に歩ませていく根本です。

すなわち、現実と関わりながらも「定意を失せ」ないとは、いかなる過酷な現実にあっても、あきらめさせない阿弥陀の本願力に出遇うことです。その出遇いを促すご縁を諸仏と言います。その諸仏（ご縁）の教えにより阿弥陀仏の呼びかけ、「平和を生きよ！　平等を生きよ！　自由を生きよ！」の声（念仏）を見失わないことです。

戦後、市井《しせい》の生活者として生きた植木徹誠さんは、臨終の間際、息子の植木等さんに「俺は親鸞聖人に合わせる顔がない」と、自らを顧みたそうです。そういう徹誠さんの言葉にまでなっている仏さまの「はたらき」が菩薩に「定意を失せ」させない阿弥陀の本願力です。

◆第四十三願　聞《もん》名《みょう》生《しょう》貴《き》の願

第四十三願

設《せつ》我《が》得《とく》佛《ぶつ》、
他《た》方《ほう》國《こく》土《ど》　諸《しょ》菩《ぼ》薩《さつ》衆《しゅ》、
聞《もん》我《が》名《みょう》字《じ》、　壽《じゅ》終《じゅ》之《し》後《ご》、
生《しょう》尊《そん》貴《き》家《け》。
若《にゃく》不《ふ》爾《に》者《しゃ》、　不《ふ》取《しゅ》正《しょう》覺《がく》。

たとい我《われ》、仏を得んに、
他方国土のもろもろの菩薩衆《ぼさつしゅ》、
我が名字《みょうじ》を聞きて、寿《いのち》終わりての後、
尊貴《そんき》の家に生まれん。
もし爾《しか》らずんば、正覚を取らじ。

現代語訳

もし、わたしが仏になれるとしても、他の国土の菩薩たちが、わたしの名を聞いて、与えられた命を終えたのち、私の国にとどまることをしないで、五濁悪世に生まれ出ても、なお「尊貴の家」である私の国に生まれるようにしたい。そうでないようなら、わたしは誓ってさとりを開きません。

五濁悪世の只中で
浄土の願いをあらためて思い起こす

今回は第四十三願（聞名生貴《もんみょうしょうき》の願）に学びます。阿弥陀仏は「他方国土のもろもろ菩薩衆」になぜ「尊貴《そんき》の家に生まれん」ことを願うのでしょうか。そもそも、この「尊貴の家」とは何なのでしょうか。

私たちの日常意識から「尊貴の家」に生まれるとは、他人より勝れ・財産を持ち・名声を得た人になることです。そこには常に他者を差別する心が張りついています。バラモン教では「尊貴の家」とは高いカースト（家柄・血筋）の家です。そのかぎり、それは「水平社」時代から部落解放運動を担ってきた松本治一郎氏が「貴族あるところに賤族あり」と述べたように、人の上に人をつくることは人の下に人をつくる意識と構造をもちます。もし「尊貴の家」がそうであればそれは本願文とは言えないでしょう。

なぜなら、先に説く第三願「悉皆金色の願」、第四願「無有好醜の願」のように、あらゆる存在は平等であることが本願の原則だからです。つまり、「尊貴の家」を差別的なカースト制度を支えるバラモン教的理解で捉えることは差別を助長することであって、差別を克服することではありません。従来、この「尊貴の家」をカースト差別に寄りかかり表現し、解釈してきたことが問われます。あらためて仏さまの願心によりこの本願文を再解釈する必要があります。

バラモン教、あるいは人間が欲望する尊貴観に対して、仏さまの願う「尊貴の家」とは何なのでしょうか。龍樹菩薩は尊貴について「諸仏の大功徳・威儀・尊貴」(『十住毘婆沙論』)と述べて、諸仏の持つ功徳として表しています。そして「家」については「般舟三昧および大悲を諸仏の家と名づく、この二法よりもろもろの如来を生ず」（同上）と言って、「家」は「如来」を生み出すものとしています。このような龍樹菩薩の解釈に留意して、差別を土台にした「家柄・血筋」を現す尊貴観を問い直して、阿弥陀仏がなぜ「尊貴の家に生まれん」ことを願うのか考えてみます。

その手がかりとして『仏説無量寿経』に説く法蔵菩薩の物語に学びます。法蔵菩薩は「ある国の王」でした。国王とは娑婆世界の最高権力者です。まさに世間での尊貴の人です。しかし国王はその立場に疑問を持ち空しさを感じ、それが世自在王仏の説法を聞くご縁となったのです。国王は世自在王仏の言葉に感動し、自分もまた「真実に生きよう」（無上正真道の意）と決意して、支配と被支配・差別と被差別を「是」とする「国を棄《す》て、王を捐《す》て」て、法蔵と名のるのです。そして自分だけが「尊貴」であるような生活を問い、全てのものが尊貴となる新しい国を求めました。言うなれば、戦争と差別と抑圧に呻吟《しんぎん》する旧い国を捨てて、平和と平等と自由な新しい国（浄土）を建てたのです。

このような浄土の願いに感動して、あえて五濁悪世に生まれ出たのが「他方国土の諸菩薩衆」です。その菩薩たちに、阿弥陀の名を聞き、浄土の心を見失うことなく、全ての命と共に生きることにより、あらためて「尊貴の家」（浄土）に軸足をおいて生きよと願うのです。つまり、阿弥陀仏が菩薩たちに願う「尊貴の家」とは、阿弥陀仏の本願に目覚め、本願を生きようとする人を生み出す本願の国土そのものです。そして、そこから生まれた本願の人は、人間を破壊する戦争と差別の歴史の只中、さまざまな時代と社会にあって、普遍的な世界を示す言葉となって自らを表現しています。釈迦は「兵戈無用（兵隊も武器も必用ではない）」（『仏説無量寿経』）と。親鸞聖人は「世の中安穏なれ、仏法ひろまれ」（御消息）と。そして現代では「戦争放棄」の日本国憲法に重なって私たちを問うています。すなわち、「尊貴の家」とは念仏申して非戦平和を願う人を生み出す「如来の家」です。そのように私は再解釈します。

◆第四十四願　聞名《もんみょう》具徳《ぐとく》の願

第四十四願

設《せつ》我《が》得《とく》佛《ぶつ》、
他方《たほう》國土《こくど》　諸《しょ》菩《ぼ》薩《さつ》衆《しゅ》、
聞《もん》我《が》名《みょう》字《じ》、　歡《かん》喜《ぎ》踊《ゆ》躍《やく》、
修《しゅ》菩《ぼ》薩《さつ》行《ぎょう》、　具《ぐ》足《そく》徳《とく》本《ほん》。
若《にゃく》不《ふ》爾《に》者《しゃ》、　不《ふ》取《しゅ》正《しょう》覺《がく》。

たとい我《われ》、仏を得んに、
他方国土のもろもろの菩薩衆《ぼさつしゅ》、
我が名字を聞きて、歓喜踊躍《かんぎゆやく》して、
菩薩《ぼさつ》の行を修し、徳本《とくほん》を具足せん。
もし爾《しか》らずんば、正覚を取らじ。

現代語訳

もし、わたしが仏になれるとしても、他の国土の菩薩たちは、わたしの名を聞いて、歓喜し踊躍して、自利利他を課題にする菩薩の行を修めて、功徳の根本を満足させるであろう。そうでないようなら、わたしは誓ってさとりを開きません。

我も人も共に救われていく道を歩む課題を賜る

第四十四願「聞名具徳《もんみょうぐとく》の願」は、「他方国土の諸菩薩衆《しょぼさつしゅ》」が、文字どおり、「菩薩の行を修し徳本を具足せん」ことを願います。

いま、世界は暴力の連鎖の只中にいます。日本では「戦争をしない国」を掲げた「憲法第9条」が蔑《ないがし》ろにされ、かつての日本の旗印「富国強兵《ふこくきょうへい》・殖産興業《しょくさんこうぎょう》」が再登場しています。安心安全神話が根底から崩れた福島原発の過酷事故から数年が経ち、国民の多くの声を無視して原発を再稼働しています。そして歯止めのない軍備増強が行われています。さらには治安維持法の恐怖を再来させる共謀罪法が成立しています。すでに「戦争をする国」になっています。

このような状況のいま、あらためて、平和と平等と自由を根源とする阿弥陀仏の本願に学ぶ時です。本願文でいえば、阿弥陀仏の名を聞き、「菩薩の行を修し徳本を具足せん」との阿弥陀仏の願心に思いを致すことです。

私たちはアジア・太平洋戦争の経験を経て、はっきりと、暴力と恐怖から平和は作れないことを知ったはずです。だから、戦争放棄の憲法を掲げ、まさしく釈迦の「殺してはならぬ。殺さしめてはならぬ」（『ダンマ・パダ』）の教言のように、過去の歴史を反省し、平和を誓ったのです。それがいつのまにか平和への願いを見失い、「私と私の世界」を正当化する経済優先の言説に惑わされ、憲法を蔑ろにし、いたずらに隣人、隣国を蔑むことに明け暮れしています。

親鸞聖人は曇鸞大師の言葉「無顧《むこ》悪人」（『浄土論註』）を「無顧の悪人」（『教行信証』行巻）と「の」を入れて読んでいます。自分を顧みることのないものを悪人とおさえています。まさしく、日本は歴史を修正し、「あったことをなかったこと」にし、「やったことをやらなかったこと」にしています。具体的には日本軍「慰安婦」問題に明らかです。日本政府の政治的態度は過ちを繰り返す私自身に向き合う「悪人の自覚」ではありません。加害の事実に背を向けているだけです。

この現状の中で、阿弥陀仏により願われているのが「菩薩の行」であり、「具足徳本（名号）」です。もちろん、これは菩薩たちに願われています。しかし、それは私たちと無関係ではありません。菩薩の課題は私たち衆生の救済です。救済とは空《むな》しく過ぎていく人生に意味を見出すことです。それは生きることに「ご用《よう》」を賜ることです。阿弥陀仏が菩薩たちに「菩薩の行」と「具足徳本（名号）」を願うのは、そこに空しく過ぎていく人生から解放（救済）されていく「ご用」があるからです。そこに「私もあなたも共に救われていく道」（菩薩道）を歩む課題があります。それは煩悩具足の身にも願われています。その阿弥陀仏の願いに目覚め、その「ご用」を賜っていくのです。

そういう本願のはたらきに呼応する姿を、国籍・民族・宗教を超えて、大きな願いを受けて、時代を生きる人々に、はっきりと、見ることができます。例えば、辺野古・高江で新基地建設阻止を訴え、国家暴力に屈せずにいる人々。また放射能被曝を理由に「殺処分」の決定が出た牛たちを守り、国家の原発政策と原発企業（東電）に抵抗する人々。まさに、世界の片隅で、「共に生きる世界」を求めて、声をあげている人々に、あたかも阿弥陀仏が「他方国土の諸菩薩衆」に願われた「菩薩の行」と「具足徳本（名号）」に応答する菩薩の精神を感じます。

私もまた、非核非戦の思いを萎縮することなく声をあげていきたいと強く思います。

◆第四十五願　聞名見仏《もんみょうけんぶつ》の願

第四十五願

設《せつ》我《が》得《とく》佛《ぶつ》、
他《た》方《ほう》國《こく》土《ど》　諸《しょ》菩《ぼ》薩《さつ》衆《しゅ》、
聞《もん》我《が》名《みょう》字《じ》、
皆《かい》悉《しつ》逮《たい》得《とく》　普《ふ》等《とう》三《さん》昧《まい》。
住《じゅ》是《ぜ》三《さん》昧《まい》、至《し》于《う》成《じょう》佛《ぶつ》、

たとい我《われ》、仏を得んに、
他方国土のもろもろの菩薩衆《ぼさつしゅ》、
我《わ》が名字《みょうじ》を聞きて、
みなことごとく普等三昧《ふとうさんまい》を逮得《たいとく》せん。
この三昧に住して、成仏《じょうぶつ》に至るまで、

常見《じょうけん》無量《むりょう》　不可思議《ふかしぎ》
一切諸佛《いっさいしょぶつ》。
若不爾者《にゃくふにしゃ》、不取正覺《ふしゅしょうがく》。

常に無量不可思議の
一切の諸仏を見たてまつらん。
もし爾《しか》らずんば、正覚を取らじ。

現代語訳

もし、わたしが仏になれるとしても、他の国土の菩薩たちが、わたしの名を聞いて、みなことごとく、数限りのないさまざまな仏がたを等しく同時に見る三昧を得て、その三昧の境地に入って、仏になるに至るまで、常に数限りのない思いはかることのできないさまざまな仏がたを見たてまつることができるであろう。そうでないようなら、わたしは誓ってさとりを開きません。

閉鎖的世界を生きる私たちを問う

仏からの呼びかけ

第四十五願「聞名見仏《もんみょうけんぶつ》の願」は、「他方国土の諸菩薩衆」が、阿弥陀仏の「名」を聞くことにより、「普等三昧《ふとうさんまい》」を体得し、一切の衆生を諸仏として出遇うことが願われています。諸仏とは私を真実に出遇わせるご縁です。特別な存在ではありません。小説『宮本武蔵』や『親鸞』を書いた吉川英治さんは「われ以外みなわが師」と言いました。

また、私と関わるあらゆる生きものを平等にいただき、それらから教えられ、それらを諸仏として尊敬していく普遍的な平等精神を生み出す心が普等三昧です。それは自分を他者と世界から切り離し、内側に閉じこもることではありません。

また精神を集中すると称して、私たちの「周り世界」と関わることを避けて戦争と差別の現実を黙過することでもありません。むしろ全ての命との水平な関係を知り、かつ見ていく開かれた心です。

それではなぜ阿弥陀仏は「他方国土の諸菩薩衆」に、このような普等三昧を願うのでしょうか。それはいうまでもなく、娑婆世界の「人と世界」が人間の自己中心的な分別《ふんべつ》心で歪《ゆが》んでいるからです。私たちはその自らの不正と矛盾と歪みを問うこともなく、「やられたらやり返す」報復の連鎖から抜け出せないまま修羅（争い）の世界を作り続け、混迷を深めていくばかりです。

河島英五さんは、そんな私たちの世界を『水瓶《みずがめ》の唄』で「同じ考えの人以外は／誰も側に寄せつけなければ／いさかいは無くなるだろう／心にくもりが　あるままでも／違う言葉だとか　違うしぐさだとか／違う神を信じているとか／覚えてしまった　やり方で／人は人を区別する／だけど友よそれで　それで自由になれたかい？」と問いかけています。

　まさしく、私たちは、人と人との水平の関係を見ることもなく、少しばかりの差異を根拠にして、他者を侮蔑《ぶべつ》し排除して、共に生きる世界を見失っています。このような閉鎖的世界を「我が国土」として自分の殻に閉じこもり生きています。それが「正信偈」には「超日月光照塵刹《ちょうにちがっこうしょうじんせつ》」と表されています。

　この「塵刹」とは塵芥《じんかい》の国です。塵芥（ちり・あくた）とは、無数に蠢《うごめ》く人間の世界です。人間がそれぞれに閉鎖的国土を作っていることの暗喩《あんゆ》です。その一人ひとりの自己中心的な国土（塵刹）を照らし出すのが阿弥陀仏の光明です。

　その阿弥陀仏のはたらきを担うのが「他方国土の諸菩薩衆」です。だから、阿弥陀仏はこの娑婆世界にあえて生まれ出た菩薩たちに、この衆生の現実を直視して、衆生に寄り添い、この閉塞した世界を開く原理としての普等三昧を体得して、全ての命あるものを諸仏として敬い、尊び、共に歩めと願うのです。

かつて、1922年3月3日に京都市岡崎公会堂で部落解放をめざす「全国水平社」が創設されました。その集会への参加を呼びかけたパンフレット「よき日の為めに」には、ロシアの文豪ゴーリキの戯曲『どん底』から、サーチーンの「人間は元来勦《がんらいいたわ》るべきものじゃなく尊敬すべきもんだ――哀れっぽい事を云って人間を安っぽくしちゃいけねえ。尊敬せにゃならん」というセリフが引用されています。思えば、設立期の水平社運動の願いは、「人間を尊敬する事によって自ら解放せん」（水平社宣言）とする運動として提起されたのです。このように他者をどこまでも尊敬する心を自らの課題とすることを他方国土の菩薩に願うのが第四十五願「聞名見仏の願」です。それはそのまま閉鎖的世界を生きる私たちを問う呼びかけでもあります。

＊1　勦る…「かすめと（る）」とも読む。「全国水平社創立宣言」では、相手を慰めながら、実は相手の人間性を奪い取るといった意味で「人間を勦るかの如き運動」という文言が使われている。

◆第四十六願

随意聞法《ずいいもんぼう》の願

第四十六願

設《せっ》我《が》得《とく》佛《ぶつ》、國《こく》中《ちゅ》菩《ぼ》薩《さつ》、
隨《ずい》其《ご》志《し》願《がん》、所《しょ》欲《よく》聞《もん》法《ぼう》、
自《じ》然《ねん》得《とく》聞《もん》。
若《にゃく》不《ふ》爾《に》者《しゃ》、不《ふ》取《しゅ》正《しょう》覺《がく》。

たとい我《われ》、仏を得んに、国の中の菩薩《ぼさつ》、
その志願に随《したが》いて、聞かんと欲《おも》わんところの法、
自然《じねん》に聞くことを得ん。
もし爾《しか》らずんば、正覚を取らじ。

現代語訳

もし、わたしが仏になれるとしても、わたしの国の菩薩は、その志願に随って聞きたいと思う教えを自然に聞くことができるであろう。そうでないようなら、わたしは誓ってさとりを開きません。

社会の歪みに呻き悲しむ人々の声に
我が課題を聞き取る

第四十六願「随意聞法《ずいいもんぼう》の願」は「国中の菩薩」が阿弥陀仏から「その志願に随いて、聞かんと欲わんところの法、自然《じねん》に聞くことを得ん」ことを願われています。これは一体どういう意味なのか。本願文の真意を推論してみます。この菩薩は阿弥陀仏の本願に出遇い、その結果、自分自身の志願（課題）に目覚めた方です。そしてその志願（課題）を実現するために、さまざまな世界に関わり、同じく真実を求めている人々と出遇い、共鳴し、傾聴し、あらためて阿弥陀仏の本願を表現するものとなることが願われています。

このような阿弥陀仏の本願を考える手がかりに、戦後のごくわずかな時期

（1949年）に曽我量深先生が用いた「還相社会学《げんそうしゃかいがく》」の語に注目したいと思います。曽我先生は「親鸞教学は、仏教社会学を意味して、世界中の人を驚かす時がくるに違いない。これは還相社会学である」（『曽我量深説教随聞記』）と述べています。還相とは仏（真実）の世界から人間の虚偽転倒《こぎてんどう》の世界に真実が表現される姿です。

すなわち還相社会学とは、この娑婆世界のさまざまな事柄、宗教・哲学・文学・政治・経済など人間の表象文化の全てを阿弥陀仏との関わりで認識し、想像し、理解することです。そして人間と社会の歪みを問いただし、全ての人の救いを課題にする阿弥陀仏の本願に学び聞き続ける世界観です。

具体的に言えば、報復的な暴力が連鎖する国際社会、また安心安全神話が崩れた原発の再稼働、共生社会を破壊するヘイト・スピーチとそれに連なる歴史を改《かい》竄《ざん》する暴論、武器を商売にする経済、小説家・小林多喜二や哲学者・三木清などを獄中死させた治安維持法に重なる共謀罪を作る日本社会。これらの未来を閉ざす無残な現実に対して、自己中心的な人間の立場からではなく、全ての命の救いを課題とする仏の眼から問い直す世界認識の方法論です。

つまり社会との関わりで本願の救いを考えることです。それは第四十六願に説かれている「その志願に随いて、聞かんと欲わんところの法」を聞く菩薩の姿につながっています。なぜなら、この本願文は「国中の菩薩」、すなわち阿弥陀仏の本願に目覚めたものが、自分自身の志願（課題）をもち、娑婆世界において、どのように「自分の課題」を明らかにするのかを問題にしているからです。まさしく「聞かんと欲わんところの法」とはその時々の現実の只中にある、歪み、不正、矛盾を見、そこに呻き悲しむ「世のいのり」（御消息）に自分の課題を聞き取ろうとすることです。

さらに言えば、あらゆる出来事に本願を聞きとるとは、自分一人の力ではなく、他者との関係の力です。「私と私の世界」に問題を感じて、同じように人間と社会を問い続ける人々と出遇い。そこに人間を取り戻そうとする共通した願いを聞きとり、国籍・民族・文化の違いを超えて、真実を求める人々と共に歩みだしていくことです。

『仏説無量寿経』には菩薩の精神が「たとい、身をもろもろの苦毒の中《うち》に止《お》わるとも、我が行《ぎょう》、精進《しょうじん》にして　忍《しの》びて終《つい》に悔《く》いじ」と表されています。その教えから言えば、菩薩が「その志願に随って」生きるとは、「己れが身」一人の平穏無事な生活に安住することではなく、むしろ問題を抱える「私と私の世界」の現実に身を据えることです。それが阿弥陀仏の本願に自分の課題を聞き続け、あらゆる人々と共に念仏申して「共なる世界」を歩み出す生活です。

◆第四十七願　聞名《もんみょう》不退《ふたい》の願
◆第四十八願　得三法忍《とくさんぼうにん》の願

第四十七願

設《せつ》我《が》得《とく》佛《ぶつ》、
他方國土《たほうこくど》　諸菩薩衆《しょぼさつしゅ》、
聞《もん》我《が》名字《みょうじ》、
不《ふ》卽《そく》得《とく》至《し》　不退轉者《ふたいてんしゃ》、
不《ふ》取《しゅ》正覺《しょうがく》。

たとい我《われ》、仏を得んに、
他方国土のもろもろの菩薩衆《ぼさつしゅ》、
我が名字《みょうじ》を聞きて、
すなわち不退転《ふたいてん》に至ることを得ずんば、
正覚を取らじ。

現代語訳

もし、わたしが仏になれるとしても、他の国土の菩薩たちが、わたしの名を聞いて、ただちに仏道から退転《たいてん》しない、すなわち不退転の位を得ることができないようなら、わたしは誓ってさとりを開きません。

第四十八願

設《せつ》我《が》得《とく》佛《ぶつ》、
他《た》方《ほう》國《こく》土《ど》　諸《しょ》菩《ぼ》薩《さつ》衆《しゅ》、
聞《もん》我《が》名《みょう》字《じ》、
不《ふ》卽《そく》得《とく》至《し》　第《だい》一《いち》第《だい》二《に》第《だい》三《さん》法《ぼう》忍《にん》、
於《お》諸《しょ》佛《ぶっ》法《ぽう》、
不《ふ》能《のう》卽《そく》得《とく》　不《ふ》退《たい》轉《てん》者《しゃ》、
不《ふ》取《しゅ》正《しょう》覺《がく》。

たとい我《われ》、仏を得んに、
他方国土のもろもろの菩薩衆《ぼさつしゅ》、
我が名字《みょうじ》を聞きて、
すなわち第一・第二・第三法忍《ぼうにん》に至ることを得ず、
諸仏の法において、
すなわち不退転を得ること能《あた》わずんば、
正覚を取らじ。

現代語訳

もし、わたしが仏になれるとしても、他の国土の菩薩たちが、わたしの名を聞いて、その呼びかけにより、ただちに音響忍《おんこうにん》（体でうなずき）、柔順忍《にゅうじゅんにん》（そのまますなおに）、無生法忍《むしょうぼうにん》（真理をさとる）を得ることができないで、さまざまな仏がたの教えによって、仏道から退転《たいてん》しない、すなわち不退転の位を得ることができないようなら、わたしは誓ってさとりを開きません。

全ての人が浄土の願いに目覚め仏道に立つことを願う

「本願に学ぶ」の最後は第四十七願「聞名不退《もんみょうふたい》の願」と第四十八願「得三法忍《とくさんぼうにん》の願」です。四十八願の最後に「他方国土の菩薩衆」が阿弥陀仏の名《みな》を聞き仏道から退転《たいてん》しない、すなわち「不退転」を得る問題が説かれています。この二つの本願文は四十八願を締め括《くく》る意味で、「他方国土の菩薩衆」を対象としつつ、全ての人が阿弥陀仏の国土の願いに目覚め、仏道に立ち上がることを述べています。

もともと阿弥陀仏の本願は全ての命が救われる国土の建立にあります。その国土に生まれたいと願う心は、私が起こす心ではなく、阿弥陀仏の大悲のはたらきにより、私に起こる心です。やがてその心はその心を起こさせた大きな願いに促され、その願いを根拠にして、この真っ暗闇の「私と私の世界」の現実を生きようとするのです。

親鸞聖人の言葉では、「往生、一定とおぼしめさんひとは、（中略）御報恩のために、御念仏、こころにいれてもうして、世のなか安穏なれ、仏法ひろまれと、おぼしめすべし」（御消息）と表されています。ここに本願の仏道を現実に立って歩む「人《にん》」の誕生が説かれています。そういう「人」の生きる表現が「世のなか安穏なれ、仏法ひろまれ」と願う言葉です。しかし現実はその願いに背を向けて生きています。それは私たちが本当に大切なことを知らないで、自分の人生に自信がもてなくなっているからです。

そして、真実を覆い隠す強い言葉と甘い言葉、繰り返されるミサイル発射を報せるアラートに、いつしか判断力まで鈍り、「やられたらやりかえす」暴力の連鎖を受け入れていくのです。もし、そうなれば、いつか来た道にまた戻っていくことは火を見るよりも明らかです。あらためて、過去の歴史に身を据えて、自己を深く顧みることが求められています。

第二次世界大戦で日本は侵略国家として東アジアの大地を土足で汚し、血涙を流しました。しかしその歴史を反省するどころか、歴史を修正し、改ざんして自己正当化をはかっています。さらには福島での原発事故も忘れ、米軍基地を沖縄に押しつけ、それらの犠牲の上に胡座《あぐら》をかいています。このような私たちの現実を見通して、直接的には「他方国土の菩薩衆」に本願の仏道に立つ不退転を願うのがこの第四十七・四十八願です。

思えば、阿弥陀仏の四十八願は、私の救いは全ての人の救いの中にあることを国土の建立をもって明らかにしています。全ての人が命輝いて生きることのできる国土を本願文により表すことで、人間の救いとは何であるかを私たちに具体的に示しています。そういう国土に目覚め、その国土の願いから退転させないことを阿弥陀仏は誓うのです。

さだまさしさんの『「風に立つライオン」』（1987年）はアフリカの大地で地域医療に関わる青年医師をモデルにした歌です。その歌詞にはバブル景気に溺れる日本を「やはり僕たちの国は残念だけれど／何か大切な処で道を間違えたようですね」といい、アフリカの大地で出遇った患者たちと共に生きることを「空を切り裂いて落下する滝のように／僕はよどみない生命を生きたい／（中略）／僕は風に向かって立つライオンでありたい」と、その決意が示されています。私はこの歌にアフリカの大地に催されて「現実に立つ精神」を見ます。そしてそこに四十八願を総括するにあたって本願文が仏道から退かない、すなわち、苦悩する現実から逃げない不退転を説くことの意味をはっきりと教えられます。

おわりに

本書は、2015年1月号から2017年12月号まで36回にわたり、月刊誌『同朋《どうぼう》』（東本願寺出版発行）に連載されたものを一書にまとめたものです。このたび『仏さまの願い』と題し、阿弥陀仏の四十八願をとおして「いま・ここ」を生きる私の課題を尋ねて学んできました。最後に、あらためて、「仏さまの願い」に学ぶことについて、その中心点をまとめてみたいと思います。

親鸞聖人は『尊号真像銘文《そんごうしんぞうめいもん》』で、浄土真宗の根本経典である『仏説無量寿経』を簡潔に「如来の四十八願をときたまえる経なり」と述べています。『仏説無量寿経』によれば、阿弥陀仏の本願は衆生の「生死勤苦《しょうじごんく》の本《もと》」（迷いと苦しみの根本）を抜きたいという法蔵菩薩の発心から生まれました。このことを抜きにして浄土真宗を理解することはできないことです。それは何よりも苦悩する衆生の現実から本願が発起されたということです。

さらにその本願は全ての生きとし生けるものが救われる「国土の建立」がその内容になっています。しかし、私たちが生きる現実の国土はあいも変わらずに弱肉強食の中で不正と矛盾と歪みに溢れています。その世界、つまり国土が救われないと、そこを生きる命あるものが救われない。だから、阿弥陀仏は全ての生きとし生けるものが救われる世界を浄土として建立《こんりゅう》（荘厳《しょうごん》）したのです。すなわち、本願文を学ぶとは本願の国土を根拠にして相互共存する命を見失った私たちの現実の「国土」を課題にすることが必須です。そのことを除外して本願文を学ぶことはできません。

まさしく「宗教問題は現実問題の只中にある」ということです。まして阿弥陀仏の本願を考える場合、その淵源は法蔵菩薩の前身であった国王の苦悩にあります。国王とはある意味では私たちの欲望の頂点です。経済力も、政治的権力も、社会的地位も、名誉も、全て獲得している存在です。その国王が、まさしく自らの在り方に大きな疑問を抱いて、「真実に生きよう」と志して「国を棄て、王を捐《す》て」て、法蔵と名のり、道を求めるものになっていったのです。

この『仏説無量寿経』に説かれた「法蔵菩薩誕生の物語」を読むだけでも、現実問題を抜きにして宗教問題は考えられないことがわかります。私たちが社会との関わりの中で仏教に学ぶということは、何か自分がもつところの仏教的知識で、外なる問題としての社会問題に関わるということではありません。むしろ、私の存在はもとより社会的存在です。私を問うことは社会を問うことです。社会を問うことは私を問うことです。それらを切り離すことはできません。その原則的な事実は仏教の考え方で言えば、私の存在は私という個人があるのではなく、つながりとしてあるからです。すなわち私は縁起として存在しているからです。だから、私の問題は世界の問題です。世界の問題は私の問題です。これは極めて大事な仏教的な認識論です。

　さらに確認しておきたいことは、現実問題と本質問題の関係です。「生死勤苦の本」の「生死勤苦」は現実問題です。それに対して「本」とは仏教の本質論から言えば、「我執・我所執（自身に対する執着と所有欲）」のことです。しかし、その「本」である我執は必ず形を取ります。また形をとおしてしか私たちにはわかりません。その形こそが「生死勤苦」（迷いと苦しみ）の現実問題です。

　このような問題意識で一々の本願文を「仏さまの願い」として学んできました。最後に、具体的な出来事をとおして「願い」にふれることにより人が立ち上がっていく問題について述べて、本書の「おわりに」の文章にします。

　随分と前に、大阪のあるキリスト教会から依頼を受けて、日本とタイの闇のリクルーターに騙されて日本で働いていたタイ人女性のアイちゃん（仮称）を6カ月間お寺で預かったことがあります。彼女は強制的に働かされていた某県のスナックを逃げ出して大阪にたどり着き、キリスト教会のシェルター（窮民保護施設）に保護されました。

しかし精神的な動揺が強いために、タイ人だから教会より寺院がいいだろうということで、私が住職をしていたお寺に住むことになりました。その彼女がタイのケースワーカーや弁護士の努力で大使館から仮パスポートもおり、いよいよ帰国の日が近づいてきました。彼女は両親の養育を受けないまま小さい頃から働かされていました。辛い思いがいっぱいあったのでしょう。お寺の前を通る小学生を見ると、いつも「アイは学校に行きたかった」と言って、「自分は嫌な思いがいっぱいあるタイには帰りたくない」というのです。

私も困ってしまい、アイちゃん、ともかく一度タイに帰りなさい。そしてまた来ることができれば、ここで引き受けてあげるからと言って、帰国をすすめました。彼女はパスパートを奪われたままで、しかも、出生地もわからない状態でした。そういう中で、タイの弁護士が奔走して探し当てた彼女の出生書類には彼女の母親はタイ人で父親はラオス人とありました。何らかの事情で彼女を手放したのです。そんな両親を彼女は許せなかったのです。だから、国には帰りたくないと言うのです。そこで、私は友人のタイの弁護士に教えてもらったことを踏まえてアイちゃんに言いました。「アイちゃん。あなたはお父さんやお母さんを憎んでいるかもしれないけれども、この書類をみるとあなたの本名はお父さんとお母さんの名前で作られているよ。きっと、アイちゃんを愛していたんだよ。アイちゃんに自分たちの願いをかけて、アイちゃんという名前をつけたんだよ」と。そう私が言った途端に、アイちゃんは書類の上にポツリと涙を数滴おとして、「アイ、タイに帰る」と立ち上がって帰り支度をはじめ、タイから来てくれていた弁護士とともにお寺を出ました。ある年の4月8日でした。

私はその時に、親鸞聖人が『教行信証』行巻で引用している曇鸞大師《どんらんだいし》の言葉である「不虚作住持功徳成就《ふこさじゅうじくどくじょうじゅ》は、けだしこれ阿弥陀如来の本願力なり」がふと心によぎりました。アイちゃんが両親の願いを感じて立ち上がっていったように、私たちもまた私を掴んで離さない阿弥陀の本願のはたらきに出遇うことにおいて、必ず流転する自分の人生に意味を見出して立ち上がっていくのであると。そして阿弥陀の本願を本国として五濁悪世の只中を生きるものとなっていくのであると確信しました。これで「おわりに」といたします。なお、本書での本願文の理解に対しては、全て私個人の責任において表現しています。その点、ご留意していただきたいと思います。

最後になりますが、読者の皆様への感謝と共に、今回、「仏さまの願い」を単行本にするにあたり、出版部の皆さんには、助言、校正等に大変なお世話をおかけしました。ここにお礼申し上げます。

２０１９年４月

尾畑文正

著者略歴

尾畑文正（おばた・ぶんしょう）

1947年三重県生まれ。同朋大学卒業後、大谷専修学院卒業。大谷大学大学院博士課程満期退学。博士（文学）。元同朋大学学長。現在、同朋大学名誉教授。真宗大谷派三重教区泉稱寺前住職。2015年4月から2018年8月まで、真宗大谷派南米開教監督。著書に、『親鸞聖人の手紙から』『『浄土論註』に学ぶ』（以上、東本願寺出版）、『社会に関わる仏教』『親鸞への旅』『親鸞を生きるということ』（以上、樹心社）、『真宗仏教と現実社会』『願生浄土の仏道』（以上、福村出版）ほか。

仏《ほとけ》さまの願《ねが》い ―四十八《しじゅうはち》のメッセージ

2019（令和元）年6月1日　第1刷発行
2020（令和2）年6月10日　第2刷発行

著　者……尾畑文正
発行者……但馬　弘
編集発行……東本願寺出版（真宗大谷派宗務所出版部）
〒600-8505　京都市下京区烏丸通七条上る
TEL　075-371-9189（販売）
075-371-5099（編集）
FAX　075-371-9211
印刷・製本……中村印刷株式会社

ISBN978-4-8341-0602-2 C0215
JASRAC 出 1904576-901